O VOO DA BORBOLETA

MANUEL DOS SANTOS SOARES
EDISON OLIVEIRA CARNEIRO

ESPÍRITOS DIVERSOS

O VOO DA BORBOLETA

Manuel dos Santos Soares
Edison Oliveira Carneiro

Espíritos Diversos

Aliança

1ª edição, novembro/2016, do 1º ao 3º milheiro

Título
O voo da borboleta

Autor
Manuel dos Santos Soares / Edison Carneiro

Revisão
Antônio Roberto de Carvalho

Diagramação
Jayres Gomes

Capa
Jayres Gomes

Impressão
Mundial Grafica Ltda.

Ficha Catalográfica

Dados Internacionais de Catalogação na Publicação (CIP)
— Câmara Brasileira do Livro | SP | Brasil —

O voo da borboleta / Espíritos Diversos;
[psicografia de] Manuel dos Santos Soares,
Edison Oliveira Carneiro. - - 1. ed. -- São Paulo :
Editora Aliança, 2016.

ISBN: 978-85-8364-043-1

1. Espiritismo 2. Romance Espírita I. Espíritos Diversos
II. Soares, Manuel dos Santos III. Carneiro, Edison Oliveira

16-08316 CDD-133.93

Índice para catálogo sistemático:

1. Romances Espíritas: Espiritismo 133.93

Editora Aliança
Rua Major Diogo, 511 - Bela Vista - São Paulo - SP
CEP 01324-001 | Tel.: (11) 2105-2600
www.editoraalianca.com.br | editora@editoraalianca.com.br

Dedicatória

Dedicamos este livro a Luiz Robacinni, excepcional para menos, ex-hanseniano, amigo incondicional que, submetido a duras provas, superou-as, utilizando a força do amor.

Sumário

Este volume encerra a trilogia iniciada com o "Buscando a Luz", continuada com o "Chagas de Luz", e que tem como fio condutor a vida de Manuel dos Santos Soares, um dos autores da obra, neste livro referenciado como Neco.

É um livro que tem vida própria, no entanto a leitura dos volumes anteriores dilatará, certamente, as reflexões do leitor face à evolução espiritual.

A trilogia abarca o período que vai de 1750 a 2014.

O primeiro volume "Buscando a Luz" narra a trajetória de Neco entre 1750 e 1925, contemplando:

• encarnação como comerciante, residindo no Porto, em Portugal e Belém, no Brasil.

• encarnação como sacerdote católico no Brasil.

• e os intervalos entre as encarnações.

Encerra-se com a despedida de Neco do plano espiritual, iniciando o seu processo reencarnatório em 1925.

O segundo volume "Chagas de Luz" tem um intervalo relativamente curto, de 1925 a 1956, tendo como cenário principal o leprosário Santo Ângelo, que funcionou como hospital prisão.

Este volume "O Voo da Borboleta" biografa da vida de Neco entre 1956 e 2014, ano de sua partida para o plano espiritual.

No fim desta obra foi colocada uma tabela para relacionar os personagens deste volume com os personagens dos volumes anteriores

***

Salpiquei este volume com alguns poemas, de Virgílio Quáglio, constantes do livrinho "Sementeiras de Luz", coletânea poética recolhida por seus filhos, após sua morte.

***

A vida de Neco é exemplar, oferecendo-nos um caso real onde a Doutrina Espírita dá sentido à vida de um homem, ao dilatar a sua compreensão das circunstâncias, muitas vezes dolorosas, que o cercam e, compreendendo o porquê da dor, se consola, numa reação semelhante à da gestante que, sentindo as dores do parto, se consola e se alegra, pois compreende que aquelas dores anunciam o surgimento do filho longamente esperado.

Da mesma forma, provas e expiações anunciam a regeneração espiritual e uma nova vida para o Espírito.

COMO ESTE LIVRO FOI ESCRITO

Este romance teve por base os depoimentos de Neco (Manoel dos Santos Soares) sobre a sua própria vida, secundado por algumas pessoas próximas a ele como Adelaide Imperatrice, Sílvio Bez e Dirce Palmeira.

O final deste livro foi observado por mim, pois a partir de fins de 2007, tive um contato frequente com Neco.

Perto de concluir este romance, Neco estava com 87 anos e houve uma natural diminuição de sua capacidade de concentração e mesmo de comunicação, em virtude de estar cego e desenvolver uma surdez senil.

Neco faleceu na tarde de 9 de fevereiro de 2014.

As falhas, certamente as houve, originaram-se de nossas limitações intelectuais e morais; Por vezes, embora sendo sinceros, tivemos uma interpretação equivocada dos fatos, não apresentando, portanto, a verdade em sua pureza cristalina. Pedimos que essas imperfeições sejam debitadas a nós.

Os ensinamentos que o livro contém, pedimos, eu e o Neco, sejam creditados a Jesus e aos benfeitores espirituais que a todos assistem.

Neco e Edison

Há dores físicas terríveis, mas a medicina tem avançado nos proporcionando analgésicos potentes que as aliviam, permitindo-nos passar por elas com menor sofrimento.

Paralelamente às dores físicas, há dores morais intensas: a solidão afetiva, a deficiência física e as consequentes humilhações que acarretam; a penúria financeira impedindo-nos coisas corriqueiras como fazer uma pequena viagem, comer algo simples que apreciamos; o estigma, onde a ignorância nos considera elementos de alta periculosidade, quando somos simples enfermos de moléstias não contagiosas.

Porém no mar sombrio do sofrimento humano a bondade e a sabedoria divinas projetaram uma luz forte e bela para aliviar as dores: eis que surge a Doutrina Espírita, luz consoladora que explica a causa das dores que sofremos, descerrando nosso passado multimilenar, mas não nos esclarece apenas em relação às causas, mas também nos mostra o efeito das provas e expiações bem suportadas, o resgate por meio da caridade, do serviço prestado ao próximo nos descerrando, através das portas da esperança, um futuro luminoso.

E a Doutrina Espírita nos fortalece a fé e a caridade, permitindo-nos atravessar essas situações difíceis com serenidade e sem perdermos a alegria de viver.

Ao nos dar essas forças interiores, restituindo a alegria de viver nas situações difíceis, a Doutrina Espírita transforma-se em medicamento divino, aliviando nossas dores, curando nossas feridas, fornecendo-nos energias novas para a luta.

Este romance mostra isso, num caso real: Neco, cego, pobre, estigmatizado, recluso num hospital, sentindo-se útil, praticando a caridade, espalhando esperança e resignação, bem-humorado, triunfando nas provas, e atribuindo seu sucesso às luzes da Doutrina Espírita (o Consolador Prometido por Jesus) projetadas no seu entendimento.

Em outras palavras, dada a pergunta:

Como Neco, um homem carregado de dores e limitações, pôde tornar-se a pessoa mais feliz com quem convivi?

Este romance responde:

Graças à compreensão e à prática da Doutrina Espírita.

Livro 1
Vivendo e buscando

Onde o personagem principal parte em busca de algo que não sabe o que é e acaba encontrando os fundamentos da vida.

A Via Anchieta, rodovia pavimentada que liga São Paulo à cidade de Santos, inaugurada em 1947 e duplicada em 1953, com seus viadutos e túneis, necessários para vencer a íngreme Serra do Mar, que bordeja o litoral brasileiro nas regiões sul e sudeste, era a rodovia mais moderna do país em 1956, e também o maior corredor de exportação da América Latina.

***

Mas o que nos interessa na via Anchieta, naquele dia frio de Julho de 1956, era uma perua Kombi que ia em direção a Santos.

Havia cinco homens na perua; quatro conversavam animadamente e o quinto ia imerso em profundas reflexões.

Esse homem, Manoel dos Santos Soares, trinta anos, moreno-claro, óculos escuros, relembrava sua vida.

Nascera em Santos em 1926, filho de portugueses; o pai sapateiro, a mãe do lar.

Tivera uma vida normal, como inúmeras outras crianças de Santos, estudara no Grupo Escolar de Santos, O Cesário Bastos, escola modelar.

Porém no dia 17 de março de 1935, com apenas oito anos, foi encarcerado e transformado num órfão de pais vivos.

Com essa lembrança, seu semblante foi marcado com um vinco de amargura.

Naquela época, em virtude de dispositivos legais, os portadores de hanseníase, considerada doença incurável e altamente contagiosa[1], eram confinados em hospitais-prisão e tornados incomunicáveis até sua morte, para não transmitirem a moléstia; assim ela seria, por fim, debelada. Em outras palavras: "se eliminarmos os doentes de uma enfermidade contagiosa, eliminaremos a enfermidade".

[1] Esse é um dos mitos que cercam a hanseníase, na verdade apenas 10% da população, aproximadamente, são possíveis de contrair hanseníase, 90% são imunes.

A palavra usada na época era lepra, e isso provocava terror, desde os tempos bíblicos. E aquele menino bonito e aparentemente saudável passou a ser visto como uma fonte de sofrimentos e morte, condenado por Deus como impuro, do qual todos deviam se afastar, sob a ameaça de também se tornarem impuros.

Ele foi, então, internado no Leprosário de Santo Ângelo, um dos cinco hospitais-prisão do Estado de São Paulo, juntamente com seu irmão José, onde já estava seu irmão Alberto, e onde também mais tarde seria internada sua irmã Alda, todos com a mesma enfermidade.

Lá prosseguiu seus estudos, pois Santo Ângelo era uma pequena cidade, chegando a ter cerca de dois mil doentes internados.

Havia prefeitura, escola, oficinas, padaria, lanchonetes, equipamentos para lazer como estádio esportivo, cinema e cassino.

Criado como órfão de pais vivos, aos doze anos passou a trabalhar dentro do hospital, sem nenhum contato exterior.

Seus pais o visitavam uma vez por mês, ficando, porém a uma distância segura, pois o parlatório, onde doentes e familiares se falavam, era constituído de duas cercas de arame farpado paralelas, com guardas patrulhando o intervalo entre elas. De um lado sentavam-se em bancos os visitantes e de outro os internados. Algum alimento ou roupa que os visitantes quisessem dar para os internados, deveria ser dado primeiramente para os guardas que inspecionariam o presente e que depois passariam para os internados.

À noite, guardas rondavam os dormitórios para evitar fugas. A disciplina era severa e eventuais infrações resultavam no encarceramento na cadeia que havia dentro do hospital, uma prisão dentro da prisão.

No começo da década de 1940, o hospital com cerca de dois mil internados entrou em grande decadência, com internados morrendo de desnutrição e por falta de higiene, assemelhando-se aos campos de concentração da Segunda Guerra, que se travava no resto do mundo.

Em 1943, o médico americano Guy Faget descobriu a cura da doença, mas, fosse pela guerra, fosse pelo desinteresse das autoridades sanitárias, o remédio não chegou aos doentes do Brasil.

Com a queda da ditadura Vargas, em 1946, e a troca das autoridades responsáveis pela Saúde Pública, a situação dos leprosários em São Paulo melhoraria, abrindo campo para que uma estranha mulher, a deputada estadual, "Conceição da Costa Neves" e um abnegado médico e cientista "Lauro de Sousa Lima" liderassem vasta campanha para distribuição gratuita dos medicamentos de combate à lepra[2].

Ao lembrar esses dois nomes, uma funda emoção de gratidão se estampou no semblante de Neco.

Sua emoção se acentuou lembrando-se 1948, quando os remédios começaram a ser distribuídos aos doentes em São Paulo; lembrou a alegria dos doentes com a esperança da cura, acentuada em 1950, com as primeiras altas e ele mesmo, Neco, tendo a sua alta em 1952.

O irmão Zeca teve alta logo depois. Os outros dois irmãos internados, Alda e Alberto, haviam falecido no leprosário.

Estava curado, porém a doença lhe deixara sequelas:

Com relação ao Neco, o mais grave era a diminuição da visão: perda de um olho, e outro que sobrara comprometido por uma catarata aderente que não pôde ser removida, apesar das várias cirurgias. Mas, apesar da redução da visão, conseguia enxergar para ler e caminhar. Porém sabia que no futuro ficaria cego.

As mãos estavam comprometidas pelo início do mal que atinge os hansenianos, chamado "mãos em garra", mas ainda podia usá-las para escrever e segurar objetos.

Num jogo de futebol havia tido forte torção no pé; ao caminhar mancava um pouco, porém era quase imperceptível.

Já Zeca estava quase cego, perdera um olho e o outro estava seriamente comprometido pelo glaucoma, locomovia-se com dificuldade.

---

[2] Esses fatos são narrados em detalhe no segundo volume da trilogia "Chagas de Luz"

Lembrou-se da mãe, tão alegre com sua alta, não havia mais cercas e podia abraçá-la e conviver com ela nos momentos de suas visitas, e da sua insistência:

– Neco e José, vamos embora para casa. Vocês estão há muito tempo nesse lugar de tantas lembranças tristes, sinto muita saudade de vocês...

Mas eles tinham medo do mundo exterior e redarguiam:

– Eu compreendo os seus sentimentos, mas aqui temos assistência médica para nossas sequelas, aqui não somos perseguidos. A senhora sabe que mesmo com a cura, os preconceitos com a doença ainda são fortes, aqui temos alguma renda, se sairmos vamos depender da senhora e do pai, pois talvez tenhamos dificuldade para arrumar emprego...

Nesse momento, um meio sorriso desenhou-se em sua boca. A polêmica com a mãe durara quatro anos.

Finalmente, a deputada conseguira a aprovação da pensão do egresso. Os doentes que saíssem do hospital teriam direito a uma pensão vitalícia de um salário mínimo; não era muito, mas viabilizava a independência econômica para os dois irmãos.

E tomaram a decisão de sair, e lá estavam de viagem para Santos, para a casa dos pais.

Nesse momento, Neco foi interrompido nas suas reflexões por Zeca que estava ao seu lado:

– E aí, Neco, como é que será a recepção? Mais uma hora e estaremos lá. Minha cabeça está cheia de perguntas: como vou lidar com o alcoolismo do pai? Como será que nossos irmãos, o João, o Antônio e o Álvaro nos receberão?

Neco respondeu com um acento paternal:

– Só na prática é que teremos as respostas, mas o nosso regresso não será fácil. O João é pessoa boa, um gentleman e a esposa dele, Elisabete, também é criatura doce, certamente nos receberão bem, já Antônio e Álvaro são mais distantes e não creio que se aproximarão, não farão muita diferença... Sossegue, na pior das hipóteses, voltamos...

Conquanto Neco fosse dois anos mais novo que o Zeca, tinha uma ascendência quase paternal sobre o irmão.

A viagem ia chegando ao fim: desenhava-se a baía de Santos, o mar, os guindastes do porto...

Finalmente a Av. Rangel Pestana, a casa dos pais, apenas a mãe estava em casa.

Abraços, as lágrimas da mãe, a acomodação das bagagens, após 21 anos em Santo Ângelo, Neco experimentava novamente o lar...

Já de início, o contato com o pai mostrou-se muito difícil; Luiz era um homem decadente, vencido pela bebida; indiferente na maioria das vezes, sarcástico, agressivo e, às vezes violento, quando sob influência do álcool.

Maria Custódio, a mãe, conquanto seu amor maternal, dentro da educação que recebera, valorizava a submissão feminina, entendia o marido como seu "senhor", colocando-se na posição de "escrava", e exigia dos filhos a mesma postura, respeito e acatamento ao pai, ainda quando ele estivesse embriagado, criando situações insustentáveis, pois colocar limites aos desatinos do pai implicava em magoar a mãe.

Isso tudo tornava o convívio uma sequência de humilhações para os dois irmãos, embora fossem financeiramente independentes.

Um indicador de quanto era difícil o trato com o pai, era o fato de que durante todo o período de internação nunca os irmãos João, Álvaro ou Antônio, foram visitá-los, pois isso implicaria em viajar até São Paulo em companhia do pai e não suportavam um contato mais demorado com ele.

***

Em contrapartida, João os recebia com todo carinho e fraternidade.

Com cerca de quarenta anos, era um homem moreno, bigode bem aparado, inteligente e prestativo. Muito trabalhador, de personalidade cativante, começara numa gráfica destacada de Santos e com apenas 20 anos chegara a gerente, tornando-se depois um dos sócios.

A gráfica não só produzia impressos, como também revendia material e equipamentos de escritório, notadamente para as casas exportadoras de café, que rodeavam o grande porto de Santos.

Naquele tempo em que ainda não havia computadores, toda a informação era armazenada em papel e o uso de formulários era vital para as empresas.

Ele alugara a casa em que moravam, suprindo os pais nas suas necessidades financeiras, pois conquanto o pai fosse um excelente artesão no ramo dos calçados, o alcoolismo afastava os clientes e dificultava seu trabalho.

Toda a família de João era simpática, a esposa em avançado estado de gravidez e duas meninas de quatro e dois anos, respectivamente.

Até a cachorrinha da casa fazia jus ao nome, "Mimosa", pois era uma gracinha.

Com frequência iam visitá-lo em companhia da mãe.

***

Álvaro, irmão, dois anos mais velho que Neco, era conferente na Estrada de Ferro Santos-Jundiaí, não mais dos ingleses, pois desde 1946 fora integrada à Rede Ferroviária Federal, mas ainda mantinha padrões de qualidade de serviços, herdada dos britânicos, entre os quais se destacava a pontualidade; ingressara por concurso público na estrada de ferro e gozava de sólida situação profissional.

Álvaro era bom moço, responsável e de excelente caráter.

Conquanto o alcoolismo de Luiz, nenhum de seus filhos foi mulherengo, dado ao álcool ou ao jogo.

Santos x Corinthians

O Santos, que sempre ficava longe dos primeiros lugares, em 1955 foi campeão.

Em 1956, houve a decisão do campeonato contra o Corinthians.

Quase trinta mil pessoas em Vila Belmiro, havia até torcedores dependurados nos holofotes.

O Santos não tinha ainda Pelé, mas já jogavam Zito e Pepe.

A família toda reunida em frente ao rádio. A expectativa geral era que o Santos arrasasse o Corinthians.

Neco, Zeca, Álvaro, santistas por nascimento, antegozavam a vitória.

Porém o Corinthians tinha uma arma secreta: Baianinho e, de repente, o Corinthians abre o placar: 1 a 0 e tudo foi ficando mais difícil, embora o Santos jogasse bem.

Dois, três, quatro... 4 a 0 para o Corinthians. Os três irmãos cabisbaixos estampavam a amargura da derrota.

Luiz, o pai, como bom português, torcia para a Portuguesa Santista. Um pouco alcoolizado, não perdeu a oportunidade, despejando seu sarcasmo sobre Álvaro:

– O senhor Álvaro, nem sabe para onde vai; com esses 4 a 0 é capaz de não encontrar a própria casa... O senhor Álvaro vai dormir hoje com dor de cabeça...

Essas experiências faziam bem ao Neco e ao Zeca, ficaram gravadas em sua memória, tanto que as descrevia com detalhes, cinquenta anos depois.

***

A vida em Santos, na casa dos pais, tinha seus momentos bons:

• O nascimento do novo sobrinho, Osmar, vindo ao mundo por intermédio da esposa de João, Elisabete, foi fato de grande alegria para os dois irmãos, por tantos anos afastados do convívio familiar.

• Caminhar pelas ruas e praias, visitar lojas, sentar-se num banco à beira-mar e ver a lua levantar-se do Atlântico, enorme e amarela, parecendo estar gotejando água, era encantador.

• O carinho materno, a iniciar-se pela boa comida e prosseguir nas conversas calmas da tarde aquecia o coração de Neco e Zeca.

Porém a vida em Santos também tinha seus momentos ruins:

• As situações constrangedoras e deprimentes criadas pelo pai.

• O serviço médico de Santos não tinha experiência em sequelas de hanseníase e, mês a mês, a vista de Zeca piorava, e os dois irmãos não viam solução para o problema.

A PRIMEIRA PEDRA

Poema de Virgílio Quáglio[3] do livro
Sementeiras de Luz

Adúltera! Proclama a massa ignara,
proferindo o castigo capital,
contra a mulher que mais ninguém a ampara,
nem a livra de pena tão brutal.

Diz um da turba ao Mestre com voz clara;
– Ela errou! Que dizeis vós afinal?
– aquele que tiver alma sem tara
atire a pedra: é lei tradicional.

Um tempo após, Jesus ninguém mais viu.
– O que é da multidão? – toda sumiu.
– Pois vai e corta o vício que em ti medra.

Sublime ensino! O Mestre que é pureza,
condói-se da mulher com sua fraqueza,
e do Perdão lança a primeira pedra!

[3] Virgílio Quáglio, hanseniano, fundador do Centro Espírita João Cândido, de Santo Ângelo.

A DECISÃO DA VOLTA

Tendo feito amizade com o Dr. Edgar Santos Neves, os dois irmãos foram pedir seu conselho a respeito da volta para Santo Ângelo, que ia tomando força em suas mentes.

O médico foi contra:

– Por que voltar para um hospital? Vocês estão curados da hanseníase, estão bem...

Além disso, a "pensão de egresso", na época Cr$ 1500,00, dava para viverem, pois embora arcassem com suas despesas e colaborassem com as despesas de casa, os dois irmãos conseguiram amealhar economias, montando uma pequena reserva.

Porém a velhice se estampava na face da mãe, acentuada pelas duras provações do alcoolismo do marido e da doença dos filhos. O alcoolismo ia fazendo estragos cada vez maiores no organismo do pai. Com o falecimento ou invalidez dos pais, como os dois ficariam?

Seus problemas de saúde também se agravariam com o passar dos anos, a cegueira era apenas questão de tempo, certamente mesmo para o irmão mais devotado, João, seriam um fardo pesado.

Santo Ângelo agora se afigurava sob nova luz; era o hospital conhecido e especializado nas sequelas da doença; era o local do abrigo e tratamento, a sua feição prisional havia desaparecido.

Além do peso de todos esses fatores, uma secreta intuição os alertava de que necessitariam de cuidados médicos constantes com especialistas em sequelas da hanseníase, pois seus organismos foram mais comprometidos do que aparentavam, e os dois irmãos resolveram voltar. Decisão acertada, como o futuro demonstraria.

***

Depois de conversarem longamente, comunicaram a decisão de voltar para Santo Ângelo; a bem da verdade, apenas a mãe manifestou sinais de grande tristeza, tentando convencê-los a ficar; era comum vê-la chorando pela partida dos filhos.

Compraram as passagens de volta.

Segunda-feira, 15 de Julho de 1957

João, o irmão mais velho de Neco, chegou em casa para almoçar, a mesa estava posta pela esposa; sentaram-se à mesa, a pequenina se acomodou no cadeirão, a mais velha sentou-se à cadeira.

O bebê Osmar, com poucos meses, dormia placidamente no berço.

Após o almoço, sentaram-se na sala de visitas e João comentou com a esposa:

– Já há alguns dias, estou sentindo uma dor no pé, não sei do que se trata.

– Procure uma farmácia, já que você não gosta de ir ao médico, aproveite hoje à tarde, talvez seja um calo, talvez um mau jeito...

– Graças a Deus, tenho uma boa saúde, deve ser algum problema pequenino, mas fique sossegada. Hoje tratarei disso.

Porém, à tarde, João não foi para casa, a dor no pé foi aumentando de tal forma que ele foi direto para a "Casa de Beneficência de Santos".

Foi feito o diagnóstico, um pequenino prego havia furado o sapato e raspou a pele, mas o corte foi tão pequeno, que não sangrou, de forma que ele não percebeu o que estava provocando a dor.

E aquele pequenino prego havia introduzido a bactéria do tétano em seu organismo.

Terça-feira, 17 de julho

Neco e Zeca cancelaram a viagem, em consideração à mãe que, se já estava chorosa com a partida dos dois filhos, ficou terrivelmente angustiada com a notícia da doença de João, pois possuía uma profunda ligação com o filho mais velho.

Quarta-feira, 18 de julho

João sofreu muito com os terríveis espasmos que a doença produz. É comum no tétano o paciente contrair tanto os músculos, que fica apoiado apenas no calcanhar e na nuca; o corpo se retesa fazendo um arco sobre a cama, a parte central do corpo elevando--se de 30 a 40 centímetros sobre o colchão.

João continuou piorando e os médicos tomaram a decisão de amputar-lhe a perna.

Quinta–feira, 18 de julho

Maria, a mãe, e Luiz, o pai, foram visitá-lo.

A amputação da perna não auxiliou em nada, o bacilo estava espalhado pelo corpo, as contrações tornam-se mais dolorosas e começam a afetar a respiração.

Em virtude da doença, ele ficou num estado crepuscular, misturava os dois planos da vida, com frequência mencionava a irmã caçula, por quem sempre teve extremado afeto, falecida em Santo Ângelo, em 1953.

– Mamãe, a Aldinha está aqui.

Repetiu isso inúmeras vezes, nem os pais nem os irmãos compreendiam muito bem o que se passava, achavam que era apenas delírio.

Não era um delírio, Alda estava ali, sustentando o valente irmão nos momentos derradeiros da prova.

Sábado, 20 de Julho de 1957

Sob os cuidados de Alda, a joia querida do seu coração, e de vários benfeitores, João partiu da terra.

Havia tristeza na terra, mas a tristeza ficava mais suave quando misturada com a gratidão.

No céu havia festa, João viveu 40 anos no plano tereno, dos quais pelo menos 26 anos de trabalho e dedicação; foi provado e aprovado.

Mas como todo bem trabalhador, não deu a tarefa por concluída, unido à irmã prosseguiu no plano espiritual auxiliando a esposa, filhos, pais e irmãos.

E o coração de Maria Custódio, que experimentava a morte de seu terceiro filho, mais e mais se sublimava nas dores da terra, adquirindo do lado da verdadeira vida, luzes poderosas que a amparavam de conformidade com a justiça de Deus, que registrava os seus méritos perante as leis do amor.

Passadas algumas semanas da morte de João, Luiz, o pai, combinou com um amigo taxista que levasse de volta a Santo Ângelo Neco e Zeca.

Foi uma viagem sem alegria, mas com certo alívio; morar na mesma casa que o pai levava a um constante estado de tensão.

O sonho de Neco de uma vida no mundo exterior estava sepultado pela morte de João, pelos conflitos com o pai, pelo estado de saúde de Zeca que não podia ser deixado só.

O CASAL IDOSO

João foi substituído no apoio aos pais por Álvaro.

Dada a situação financeira de Álvaro ser inferior a de João, os pais foram obrigados a deixar a confortável casa que João lhes proporcionara por vinte anos.

Luiz teve que abandonar a sapataria, que dava algum resultado graças aos aportes de João; passou a atuar como ambulante, levando miudezas, que transportava numa mala enorme, vendendo-as nas praias nos fins de semana e feriados.

Envelheceu rapidamente, o sol forte o tornou extremamente moreno.

A vida principiava a educá-lo com rudeza, ele que sempre fugira das responsabilidades, ocultando-se na sombra do filho e da esposa, teria doravante de enfrentar o sol forte da realidade, a dureza de um trabalho cansativo e mal remunerado.

Contudo, continuaram a visitar espaçadamente Neco e Zeca em Santo Ângelo.

Um pouco de história

Emílio Ribas (*1862 +1925), médico e cientista notável. Um dos sanitaristas mais importantes do país, teve um papel preponderante na descoberta do mecanismo de transmissão da febre amarela, foi um dos principais protagonistas do Instituto Butantã, instituição destacada na produção de vacinas.

A partir de 1913, Emílio Ribas dedicou-se ao tratamento da hanseníase (Lepra), que contava com elevado número de doentes no Brasil.

Os hansenianos pobres viviam em condições terríveis. Por vezes formavam grupos que vagavam de cidade em cidade, sendo frequentemente expulsos e sofrendo as mais duras humilhações, em virtude dos preconceitos da época.

Ribas considerou que a solução seria a criação de um grande hospital, semelhante a um vilarejo, onde os doentes pudessem ficar isolados, posto a hanseníase ser uma doença infectocontagiosa, mas tendo uma vida quase normal, já que o vilarejo teria prefeitura, estrutura comercial para venda de alimentos, produtos de limpeza e conveniências, hortas e granjas que produzissem alimentos, prestação se serviços, etc.

Essa estrutura forneceria inclusive oportunidades de trabalho para os doentes que tivessem condições de fazê-lo, aliviando-lhes o tédio da longa internação, posto que a doença era incurável.

Esses vilarejos ficariam próximos a grandes centros urbanos para favorecer a pesquisa científica.

Com o apoio de José Carlos de Macedo Soares (político, historiador, empresário), do arquiteto Adelardo Cayubi, que fez o projeto de engenharia gratuitamente, e de pessoas da elite econômica, em 1918 as ideias de Ribas haviam se corporificado na "Leprosaria Modelo Asylo Colônia Santo Ângelo" com terreno, projeto, e recursos financeiros, a serem administrados pela Santa Casa de Misericórdia.

No dizer de Arthur Neiva, a maior obra de caridade já instituída no Brasil.

Porém os elevados recursos financeiros e o peso político que a instituição havia conseguido açularam a ambição dos políticos estaduais, e a instituição foi transferida, lamentavelmente, para o governo do estado.

A obra se arrastaria por mais de 10 anos, sendo concluída em 1928.

Com a Revolução de 1930, assumiria o poder a Ditadura Vargas, que governaria o Brasil até 1945.

A ditadura, com um viés fascista, resolveu transformar Santo Ângelo num hospital-prisão, onde todos os hansenianos seriam internados compulsoriamente, independentemente de sua condição financeira.

Ficariam isolados até a morte. Com o isolamento, não haveria transmissão da doença. Morrendo por fim todos os hansenianos, estaria extinta a hanseníase.

Para garantir o isolamento, o hospital foi cercado com cercas duplas de arames farpados, com guardas armados para evitar fugas, semelhante a um campo de concentração.

Outros hospitais foram construídos no Brasil dentro do mesmo esquema.

Em 1943, a situação do Santo Ângelo, era terrível: péssimas condições de alimentação e higiene para os dois mil internados. A administração favorecia o óbito dos internos, objetivando redução de custos.

Nesse mesmo ano, foi descoberta a cura da hanseníase pelo médico americano Guy Faget.

Com a queda de Vargas, o hospital foi humanizado, com melhores condições para os doentes sobreviventes, porém apenas em 1948 os remédios passaram a ser distribuídos nos leprosários paulistas.

A partir de 1950, vieram as altas e, em 1953, apenas 500 pacientes continuavam internados, muitos curados quanto à hanseníase, mas sofrendo com as graves sequelas que a doença havia deixado.

A ESTRUTURA

Santo Ângelo, em 1956, contava com estrutura complexa semelhante a uma pequena cidade.

A administração concentrava-se na prefeitura, com seus vários departamentos.

Os serviços eram prestados por lanchonetes, barbearias, lojas de conveniência.

O lazer era suprido por cassino, cine-teatro onde eram não só eram exibidos filmes, mas também shows de cantores e artistas célebres, biblioteca, campo de futebol e outras atividades esportivas.

Na parte clínica, o coração do hospital era o CCC Centro Clínico Cirúrgico, onde se concentravam os procedimentos médicos mais relevantes.

Os doentes eram abrigados em pavilhões, que tinham suas próprias enfermarias. Nesses pavilhões os pacientes eram classificados em:

• "acamados" que não tinham condições de locomoção;

• "semiacamados", que tinham limitações de locomoção, principalmente em virtude da cegueira.

• "normais", que não tinham maiores limitações de locomoção.

Havia também pequenos bairros com residências onde moravam pacientes casados de melhor condição econômica.

Os pacientes, ex-hansenianos, portadores de sequelas, com alguma condição física, faziam todo tipo de tarefas, não só nos serviços de saúde, como auxiliares de enfermagem, mas também na manutenção elétrica e hidráulica da cidade, de veículos, e de outros equipamentos; trabalho nas pequenas empresas que proviam o comércio e prestação de serviços e serviços domésticos para outros pacientes de melhor condição econômica.

INTERNANDO-SE

Chegando a Santo Ângelo, Neco dirigiu-se à internação.

Localizado seu extenso prontuário, que abrangia o período de 1935 a 1956, foram feitas as anotações referentes à sua reinternação, passou novamente pelo exame médico.

Dentro dos trâmites burocráticos, abriu mão de sua "pensão de egresso", mas ficou com a pensão de ex-funcionário, pois antes de ficar incapacitado trabalhara por alguns anos na prefeitura de Santo Ângelo.

CORTISONA

A visão de Neco estava bem comprometida, a cegueira se aproximava velozmente.

Nessa época, a cortisona se vulgarizava e Neco passou a tratar seu problema ocular com a cortisona.

A nova droga retardaria por mais de 10 anos a chegada da cegueira e foi uma bênção para Neco.

UM NOVO AMIGO

Quando saíra de Santo Ângelo, Neco estava internado no Pavilhão Santista e era norma voltar para o mesmo pavilhão, porém o "Pavilhão Santista" estava lotado; em virtude disso, foi acomodado no "Pavilhão 17", onde residiam principalmente os "semiacamados"[4].

Nesse pavilhão, aproximou-se bastante de Armando Catelli, solteiro, espírita, palmeirense, descendente de italianos, natural de Sorocaba, extrovertido, alegre, voz forte, cerca de dez anos mais velho que ele.

[4] Aqueles que embora tivessem necessidade de curativos frequentes, gozavam de certa liberdade de locomoção e tinha condições de desempenharem diversas necessidades sozinhos, como por exemplo os cegos que conseguiam deslocar-se pelo Asilo, alimentarem-se no refeitório, etc.

O pai de Armando Catelli teve dez filhos e uma padaria no Ipiranga, irmãos e sobrinhos encaminharam-se para as ciências jurídicas, advogados na maioria, e até um juiz.

Neco e Catelli eram Espíritos ligados desde longa data, inclusive uma das "crianças queridas" que Neco cuidara ainda no plano espiritual[5].

Novamente Neco cruzava em sua rota como Espírito com o ex-ajudante de sala do Governador do Grão Pará, o ex-capitão João Batista de Oliveira.

Trajetória de Catelli

Armando Catelli fora internado muito jovem, na primeira metade da década de trinta; atlético, jogava bem futebol.

Um fato que dá notícia da força do estigma naqueles tempos: um irmão de Catelli, que trabalhava num cartório, foi demitido quando o dono do cartório descobriu que era irmão de um leproso.

Catelli casou uma primeira vez, mas o casamento durou pouco e ficou viúvo.

Catelli apreciava sobremaneira o estudo, e por meio dele amealhou considerável cultura: falava português, pois era brasileiro; italiano, a língua dos pais; aprendeu também o espanhol e o inglês. Apreciava matemática, especialmente álgebra; tendo ficado cego em 1951, não perdia nenhum programa de natureza cultural, fosse no rádio ou na televisão.

Gostava de usar expressões como: "Nós não nos encontramos, nós nos reencontramos", "A recíproca é verdadeira".

Catelli era espírita, dedicando-se bastante ao Centro João Cândido.

Candinha

Era tão amiga do Neco quanto de Catelli.

Candinha, apelido carinhoso de Cândida Cruzi[6], nascida em 26 de abril de 1913, 1,60m, descendência italiana, internou-se no começo

[5] Vide volume 1 desta trilogia, "Buscando a Luz" capítulo 3.9 "Tomando Conta de Crianças".

[6] Vide "Buscando a Luz", primeiro volume dessa trilogia, capítulo 3.9 "Tomando Conta de Crianças".

da década de 30. Com o passar do tempo, em virtude da hanseníase, ficou cega e sem sensibilidade nas mãos.

Candinha casou-se uma primeira vez, quando bem jovem, mas logo ficou viúva.

Era pessoa muito viva, inteligente e extrovertida, gostava de cantar e dançar, excelente dona de casa.

Tivera educação esmerada, dada por uma senhora francesa, a quem chamava de mãe e com quem mantinha fortes laços afetivos.

No período em que sofria de hanseníase, teve a garganta, as mãos e os pés atacados; como a garganta tivesse inchado, impedindo o fluxo do ar, fez uma traqueotomia, ou seja, o otorrinolaringologista fez uma incisão na traqueia, e introduziu uma prótese metálica, de sorte que em vez de o ar entrar pelas narinas, passava a entrar pela garganta.

A traqueotomia impede que a pessoa fale, pois o ar não circula pelas cordas vocais.

Porém com o tratamento da hanseníase, as lesões da garganta foram resolvidas, a traqueotomia foi revertida. Retirada a prótese e fechado o orifício da traqueia, a Candinha passou novamente não apenas a falar, mas também a cantar.

As mãos afetadas tornam difícil para o cego cuidar dos serviços domésticos, em virtude disso, Candinha tinha uma empregada doméstica, mas o que podia fazer, ela fazia.

Candinha recebeu como presente de seu primeiro casamento louças finas. Essas louças deviam ser manuseadas com cuidado, mesmo por uma pessoa que enxergasse; pois bem, ela conseguia, sem enxergar e com as mãos com problemas, lavar, enxugar e guardar as porcelanas sem quebrar nenhuma.

Era comum, ao aproximar-se de sua casa, ouvi-la entregando-se ao canto, interpretando canções Italianas e de cantores brasileiros, em voga na época, como Sílvio Caldas, Altemar Dutra, Dolores Duran, Francisco Alves, e outros, não com a bela voz de antes das lesões, mas com uma voz ainda agradável e melodiosa, que dava prazer em ouvir. Cantar era natural nela e manteve esse hábito até os seus últimos dias na Terra.

Candinha era espírita, tendo uma profunda e luminosa compreensão da Doutrina.

Pascoal

Da mesma faixa de idade de Catelli e Candinha, quando com plena liberdade física, foi enfermeiro, depois, com o progresso da doença, ficou cego.

Também vivo e inteligente, era espírita.

O triângulo amoroso

Nessa época, ao cair da tarde, eis que Catelli saía do seu pavilhão e encontrava-se com Pascoal; os dois seguiam para o "Bairro do Limão", um aglomerado de casas dentro de Santo Ângelo, até a casa de Candinha.

E lá, aquelas três pessoas, cegas do ponto de vista carnal, e muito lúcidas do ponto de vista espiritual, estendiam-se em conversas intermináveis, frequentemente pontilhadas pelas consolações que a Doutrina Espírita oferece.

Começando a cair a noite, os dois voltavam para o seu alojamento.

A notícia correu e todos passaram a achar que Candinha e Pascoal estavam namorando.

Porém a novidade que surpreendeu a todos foi o casamento de Catelli e Candinha, que aconteceu em 1958.

Casamento entre pessoas maduras, já na casa dos quarenta anos, porém profundamente afins.

Sorria para a vida

Poema de Virgílio Quáglio[7] *do livro*
Sementeiras de Luz

Manhã de sol, de luz e de calor;
Por toda a parte a vida estua com ardor;
Nas florestas e no ar,
Nos campos e no mar,
A alegria se espalha em profusão
Pela natureza e pelo coração.
– Soa um voz que vem do além do que se vê:
"Sorria para a vida,
E a vida sorrirá para você".

Doze horas. Densas nuvens encobrem o céu,
Relâmpagos, sem norte, rasgam o ar, ao léu,
Com fragor o trovão ribomba
E a chuva sobre a terra tomba.
É o quadro da dor e da desolação,
que invade a natureza e fere o coração.
Mas diz a voz que vem do além do que se vê:
"Sorria para a vida,
E a vida sorrirá para você".

Tarde angústia do dia e da razão.
Dúvida... Reflexão... Fé... Oração...
é a alma que quer uma aliança,
Com a Paz e com a Esperança
E esses dotes divinos há em profusão,
Em toda a natureza e em todo coração

[7] Virgílio Quáglio, hanseniano, fundador do Cento Espírita João Cândido, de Santo Ângelo.

Só se ouve a voz que vem do além do que se vê:
"Sorria para a vida,
E a vida sorrirá para você".

Noite. Imagem do luto e da separação.
Símbolo de ignorância da alma em aflição
Que numa contida ansiedade,
Espalha a dor e a saudade.
Mas ainda uma vez a dor e sua corte
Terão que se render ao Espírito forte
Se ouvir a voz que vem do além do que se vê
"Sorria para a vida,
Que a vida sorrirá para você"

PERDAS E GANHOS

Com o casamento, Neco perdeu seu companheiro de alojamento, mas ganhou um casal amigo: Candinha e Catelli.

A amizade entre os três foi se fortalecendo, as visitas de Neco ao casal eram frequentes, notadamente às quintas, quando o casal recebia as visitas, entre as quais as mais constantes eram de Marina, irmã muito afeiçoada de Catelli e a "mãe" francesa de Candinha.

NÉLSON BARBA E ANTÔNIA

Além do casal Catelli e Candinha, Neco também se tornou amigo do casal Nélson Barba e Antônia Gomes.

Nélson e Antônia eram amicíssimos do casal Catelli e Candinha.

Nélson Barba, descendente de italianos, destacava-se pela originalidade, sendo cego, caminhava com o auxílio de duas bengalas; gostava muito de negociar, internado adolescente ainda, punha uma sacola às costas com as mais diversas mercadorias e saía comprando e vendendo em Santo Ângelo, o que desse algum lucro; mesmo perdendo a visão continuou seus negócios.

Casou com Antônia Gomes, uma moça de classe média, sua família de origem espanhola, tinha casas de aluguel em São Paulo, rentáveis inicialmente, depois, com a evolução da lei do inquilinato, favorecendo mais ao inquilino que ao proprietário, os negócios da família entraram em decadência.

Antônia Gomes foi muito amiga de Aldinha, irmã do Neco. Casando-se com Nélson, sua família proporcionou uma residência em Santo Ângelo para o casal[8], que mesmo depois de curado continuou a residir em Santo Ângelo.

Nélson Barba e Antônia Gomes eram pouco mais velhos que Neco.

Antônia também perdeu a visão, mas como teve preservado o tato nas mãos, locomovia-se com facilidade. Inclusive saía de sua casa e ia até a casa de Candinha sem usar a bengala.

Nélson tinha a saúde muito debilitada e previa o próprio fim; mas era muito extrovertido, gostava que as pessoas frequentassem a sua casa e conhecessem sua esposa; era comum dizer:

– Venham até minha casa, conhecer a minha deusa... Ou:

– Vocês precisam ir até a minha casa para verem a santa que é minha mulher...

Eram espíritas, à semelhança de Catelli e Candinha.

Neco não só acedia aos convites de Nélson e frequentava regularmente sua casa, como também naquela época enxergando, auxiliava o casal de cegos em diversas atividades.

***

Catelli e Nélson, movidos pelos seus ideais espíritas, visitavam regularmente os acamados, principalmente as mulheres, levando-lhes alguma palavra de conforto, ou simples distração por meio de uma conversa descompromissada; conquanto não espírita, Neco os acompanhava, servindo-lhes de guia, o que acentuava a intimidade entre os três.

[8] O direito a casa, em Santo Ângelo, era comprado do hospital, o interno disporia da residência, não podendo transferi-lo a terceiros, com a morte do interno a casa era revertida para o hospital.

A JESUS

Poema de Virgílio Quáglio[9] *do livro*
Sementeiras de Luz

Meigo Jesus, ouvi a nossa prece
Envolvida na fé que fortalece,
E do enigma da dor, afasta o véu...
"*...Pai Nosso que estais no céu...*"

Pedi por nós ao Pai, terno Jesus
Para que seja dada alguma luz
Ao filho, em cujas tramas se consome...
"*... Santificado seja o Vosso nome...*"

Apiedai-vos, Jesus, da humana gente,
E intercedei perante o Pai Clemente,
Para que a Ele chegue nossa voz...
"*... O Vosso reino, venha a nós...*"

Estancai o jorrar de tanto sangue,
Que torna rubro o chão e o homem exangue,
A pedir Paz, Amor, por caridade...
"*... Seja feita a Vossa vontade...*"

Livrai, Jesus, do caos negro e iracundo,
A vossa Terra, o vosso pobre mundo,

---

[9] Virgílio Quáglio, hanseniano, fundador do Cento Espírita João Cândido, de Santo Ângelo.

Que é de ofensas à Lei, incauto réu...
"...Assim na terra como no céu..."

Condoei-vos deste triste panorama:
Por tudo é só ruína, pó e lama,
Casados com a fome e a dor moral.
"...Dai-nos o pão material e também o espiritual..."

Pedi, Jesus, ao Pai, luz do saber,
Que inunde a alma do humano ser,
Perdida na amplidão das suas descrenças...
"... Perdoai as nossas ofensas..."

Volte a Paz e o Trabalho ao coração,
Hoje eivado de fel e de traição,
Que arranca lágrimas e causa dores...
"... Perdoaremos aos nosso ofensores..."

Vós, que reinais no reino da concórdia,
Que sois todo amor, Misericórdia,
Atendei nossa cálida oração...
"... Não nos deixeis cair em tentação ..."

Que irradie de novo o sol de Amor,
Distribuindo Luz, Força e Calor,
Em honra e glória do Pai Celestial...
"...E livrai-nos do mal, de todo o mal."

Assim seja, Senhor!

Uma tarefa familiar

Depois do pequeno intervalo em Santos, a vida retomou o mesmo ritmo em Santo Ângelo.

Os bailes de sábado, os livros na biblioteca, os jornais no rádio e impressos, o acompanhamento da vida do país, naquela época muito agitada com a eleição de Jânio, sua renúncia, o pequeno intervalo do parlamentarismo, culminando com a instalação de nova ditadura em 1964.

Curiosamente, as principais amizades de Neco entre as quais se destacavam os casais Catelli e Nélson eram espíritas e nas conversas surgia uma ideia aqui, outra acolá; era comum os amigos se reportarem às encarnações passadas e à influência dos Espíritos na vida corriqueira.

Essas ideias influenciavam Neco, mas não de forma ordenada, consistente; o véu era levantado mostrando um aspecto e se fechava novamente.

Não havia insistência, nem convite para ingressar no movimento espírita ou para deixar a religião católica, que era a postura formal de Neco.

De outro lado, à medida que os problemas de saúde de Zeca, o irmão, se acentuavam, mais Neco se via constrangido a dar-lhe todo apoio e todos os cuidados de que necessitava.

A perda de visão exige uma grande adaptação física, psicológica e moral: adaptação traumática quando se perde a visão de uma vez; adaptação mais suave e natural quando se vai perdendo-a aos poucos, como era o caso de Zeca, cuja visão diminuía mais e mais.

Mas mesmo a caminhada gradativa para a cegueira é um fator de angústia, depressão e desequilíbrio psicológico, dada a importância da visão em nossa vida.

Zeca passou a ser o foco da vida de Neco, era a família que lhe restava, que precisava dele.

Por mais de vinte anos convivera com o sofrimento, mas o sofrimento de Zeca era estranhamente próximo; próximo por ser irmão, próximo porque também sua própria vista ia dando sinais de que não duraria muito.

Mas fazia bem ao seu coração cuidar de Zeca, pôr para fora o potencial de amor que trazia represado dentro de si.

Linda de Freitas

Linda de Freitas, a Maria da Fé do século 18[10], internou-se em Santo Ângelo para tratar-se de hanseníase em 1960, internação curta, pois o tratamento durou cerca de ano e meio.

Linda de Freitas havia se casado e tivera 5 filhos, mas o marido continuou sua vida, tratando dos filhos na ausência da mãe; raramente visitava a esposa internada.

Linda de Freitas amava o trabalho e não suportava a ociosidade: para ter alguma atividade e ganhar algum dinheiro passou a trabalhar no hospital.

Linda era muito bonita, conquanto seus trinta anos, aparentava dezoito. Seu rosto parecia um camafeu, a voz extremamente agradável; por vezes ajeitava um lenço na cabeça e ficava encantadora.

Seria mesmo assim? Ou aquela admiração, que nascia no mais profundo da alma do Neco, vinha de suas lembranças do século 18, quando se apaixonara por Maria da Fé?

***

Linda logo ficou amiga de Nélson Barba e Antônia; também sendo espírita, ofereceu-se para ler os romances de Emmanuel, psicografados por Francisco Cândido Xavier; Nélson e Antônia aceitaram com entusiasmo a oferta.

As seções de leitura foram marcadas para os sábados à tarde.

Convidaram Neco para participar das sessões de leitura; Neco aceitou o convite e passou a frequentar a casa de Nélson assídua e pontualmente para ouvir e ver Linda de Freitas.

---

10 Vide o primeiro volume desta trilogia, "Buscando a Luz", Livro1, capítulo "As mamelucas de Belé,".

Essas leituras, iniciadas logo depois do almoço, comumente se transformavam quase que numa festinha, aparecendo outras visitas convidadas por Nélson que traziam por sua vez bolos, salgadinhos, doces, chás, sendo servidos em meio e ao término das leituras que se encerravam por volta das 16 horas.

EMMANUEL APRESENTA JESUS

A leitura desses romances foi muito importante para Neco, pois lhe trouxe uma visão enriquecedora de Jesus e a compreensão dos fundamentos do Evangelho.

Cada romance de Emmanuel não era apenas uma viagem no tempo e no espaço, onde Neco deslocava-se para outros países em outras épocas, conhecendo usos e costumes, tendo contato com outros povos, tornando-se mais culto.

Os romances de Emmanuel faziam com que viajasse dentro dele mesmo em direção ao reino de Jesus, que também está dentro de nós mesmos.

Ele foi, de livro em livro, conduzido pelas narrativas de Emmanuel, descobrindo Jesus e seu Evangelho de redenção.

Nos seus livros, Emmanuel não buscava contradizer as concepções católicas, onde Neco, assim como a maioria dos brasileiros tinham suas raízes religiosas; Emmanuel procurava aproveitar o que essas concepções têm de bom, olvidando alguns equívocos e, a partir dessas concepções, enriquecer a visão e, principalmente, a conduta cristã.

HÁ DOIS MIL ANOS[11]

As leituras começaram por esse romance, que foi o primeiro a ser transmitido pelo médium Francisco Cândido Xavier.

Esse livro narra a própria experiência do autor em uma encarnação contemporânea com Jesus, em que Emmanuel era o orgulhoso senador romano, Públio Lêntulus.

---

[11] Romance de Emmanuel, psicografado por Chico Xavier, editado pela FEB (Federação Espírita Brasileira)

Neco ouvia, atento, a longa narrativa de Emmanuel[12], que fluía pela voz suave de Linda de Freitas.

***

Um dos pontos mais altos do romance é o encontro do orgulhoso Senador com Jesus, motivado pelos fatos seguintes:

O senador Públio, alto funcionário de Roma na Judeia, teve a sua filhinha vitimada pela lepra, por mais esforços que fizesse, valendo-se de renomados médicos, a menina piorava sempre, indicando o término de sua jovem existência.

Sua esposa, Lívia, senhora de alta condição espiritual, havia conhecido Jesus e tinha a esperança de que ele pudesse curar a filhinha. Insistiu com o marido, homem orgulhoso e duro, até que finalmente o convenceu a procurar Jesus.

Eis alguns trechos dessa passagem:

> ...
>
> *Profundas cismas entornavam do cérebro para o coração [do senador], como as sombras do crepúsculo que precediam àquela noite.*
>
> *O céu, porém, àquela hora, era de um azul maravilhoso, enquanto as claridades opalinas do luar não haviam esperado o fechamento absoluto do leque imenso da noite.*
>
> ...
>
> *Foi nesse instante que, com o Espírito como se estivesse sob o império de suave magnetismo, ouviu passos brandos de alguém que buscava aquele sítio.*
>
> *Diante de seus olhos ansiosos estacara personalidade inconfundível e única. Tratava-se de um homem ainda moço, que deixava transparecer nos olhos, profundamente misericordiosos, uma beleza suave e indefinível. Longos e sedosos cabelos molduravam-lhe o semblante compassivo, como se fossem fios castanhos, levemente dourados por luz desconhecida. Sorriso*

[12] "Há dois mil anos" é um romance com 351 páginas.

divino, revelando ao mesmo tempo bondade imensa e singular energia, irradiava de sua melancólica e majestosa figura uma fascinação irresistível.

Públio Lêntulus não teve dificuldade em identificar aquela criatura impressionante, mas, no seu coração marulhavam ondas de sentimentos que, até então, lhe eram ignorados. ... Lágrimas ardentes rolaram-lhe dos olhos que, raras vezes, haviam chorado, e força misteriosa e invencível fê-lo ajoelhar-se na relva lavada em luar. Desejou falar, mas tinha o peito sufocado e oprimido. Foi quando, então, num gesto de doce e soberana bondade, o meigo Nazareno caminhou para ele, qual visão concretizada de um dos deuses de suas antigas crenças, e, pousando carinhosamente a destra em sua fronte, exclamou em linguagem encantadora, que Públio entendeu perfeitamente, como se ouvisse o idioma patrício, dando-lhe a inesquecível impressão de que a palavra era de Espírito para Espírito, de coração para coração.

— Senador, porque me procuras? — e espraiando o olhar profundo na paisagem, como se desejasse que a sua voz fosse ouvida por todos os homens do planeta, rematou com serena nobreza: — Fora melhor que me procurasses publicamente e na hora mais clara do dia, para que pudesses adquirir, de uma só vez e para toda a vida, a lição soberana da fé e da humildade... Mas, eu não vim ao mundo para derrogar as leis supremas da Natureza e venho ao encontro do teu coração desfalecido!...

Públio Lêntulus nada pôde exprimir, além de suas lágrimas copiosas, pensando amargamente na filhinha; mas o profeta, como se prescindisse de suas palavras articuladas, continuou:

— Sim... não venho buscar o homem de Estado, superficial e orgulhoso, que só os séculos de sofrimento podem encaminhar ao regaço de meu Pai; venho atender às súplicas de um coração desditoso e oprimido e, ainda assim, meu amigo, não é o teu sentimento que salva a filhinha leprosa e desvalida pela ciência do mundo, porque tens ainda a razão egoística e humana; é sim, a fé e o amor de tua mulher, porque a fé é divina... Basta um raio só de suas energias poderosas para que se pulverizem todos os monumentos das vaidades da Terra...

Comovido e magnetizado, o senador considerou, intimamente, que seu Espírito pairava numa atmosfera de sonho, tais as emoções desconhecidas e imprevistas que se lhe represavam no coração, querendo crer que os seus sentidos reais se achavam travados num jogo incompreensível de completa ilusão.

— Não, meu amigo, não estás sonhando... — exclamou meigo e enérgico o Mestre, adivinhando-lhe os pensamentos. — Depois de longos anos de desvio do bom caminho, pelo sendal dos erros clamorosos, encontras, hoje, um ponto de referência para a regeneração de toda a tua vida.

Está, porém, no teu querer aproveitá-lo agora, ou daqui a alguns milênios... Se o desdobramento da vida humana está subordinado às circunstâncias, és obrigado a considerar que elas existem de toda a natureza, cumprindo às criaturas a obrigação de exercitar o poder da vontade e do sentimento, buscando aproximar seus destinos das correntes do bem e do amor aos semelhantes.

Soa para o teu Espírito, neste momento, um minuto glorioso, se conseguires utilizar tua liberdade para que seja ele, em teu coração, doravante, um cântico de amor, de humildade e de fé, na hora indeterminável da redenção, dentro da eternidade...

Mas, ninguém poderá agir contra a tua própria consciência, se quiseres desprezar indefinidamente este minuto ditoso!

Pastor das almas humanas, desde a formação deste planeta, há muitos milênios, venho procurando reunir as ovelhas tresmalhadas, tentando trazer-lhes ao coração as alegrias eternas do reinado de Deus e de sua justiça!...

Públio fitou aquele homem extraordinário, cujo desassombro provocava admiração e espanto.

Humildade? Que credenciais lhe apresentava o profeta para lhe falar assim, a ele senador do Império, revestido de todos os poderes diante de um vassalo?

Num minuto, lembrou a cidade dos césares, coberta de triunfos e glórias, cujos monumentos e poderes acreditava, naquele momento, fossem imortais.

– Todos os poderes do teu império são bem fracos e todas as suas riquezas bem miseráveis...

As magnificências dos césares são ilusões efêmeras de um dia, porque todos os sábios, como todos os guerreiros, são chamados no momento oportuno, aos tribunais da justiça de meu Pai que está no Céu. Um dia deixarão de existir as suas águias poderosas, sob um punhado de cinzas misérrimas. Suas ciências se transformarão ao sopro dos esforços de outros trabalhadores mais dignos de progresso, suas leis iníquas serão tragadas no abismo tenebroso destes séculos de impiedade, porque só uma lei existe e sobreviverá aos escombros da inquietação do homem – a lei do amor, instituída por meu Pai, desde o princípio da criação...

Agora, volta ao lar, consciente das responsabilidades do teu destino...

Se a fé instituiu na tua casa o que consideras a alegria com o restabelecimento de tua filha, não te esqueças que isso representa um agravo de deveres para o teu coração, diante de nosso Pai, Todo Poderoso!...

O senador quis falar, mas a voz tornara-se-lhe embargada de comoção e profundos sentimentos.

Desejou retirar-se, porém, nesse momento, notou que o profeta de Nazaret se transfigurava, de olhos fitos no céu...

Aquele sítio deveria ser um santuário de suas meditações e de suas preces, no coração perfumado da Natureza, porque Públio adivinhou que ele orava intensamente, observando que lágrimas copiosas lhe lavavam o rosto, banhado então por uma claridade branda, evidenciando sua beleza serena e indefinível melancolia...

Nesse instante, contudo, suave torpor paralisou as faculdades de observação do patrício, que se aquietou estarrecido.

Deviam ser vinte e uma horas, quando o senador sentiu que despertava.

...

***

Evidentemente, a cena, reproduzida acima, onde Jesus cura a menina leprosa, produziu uma forte identificação com Neco; que menino e adolescente sofreu a mesma enfermidade e depois foi curado pela misericórdia divina, manifestada por intermédio de médicos devotados.

Essas narrativas descerravam um mundo novo para o Neco, diferente de tudo quanto aprendera sobre Jesus. O Cristo apresentado por Emmanuel adquiria uma enorme luz de sabedoria, simplicidade e doçura; Jesus surgia verdadeiramente como o "Mestre do Amor".

50 ANOS DEPOIS[13]

Concluído esse primeiro romance, Linda de Freitas passou a ler o romance "50 Anos Depois" que era a continuação do "Há dois mil anos", onde o mesmo senador volta à arena terrestre, agora na figura de um escravo.

Porém o personagem central do livro é Célia, uma verdadeira cristã, e é dirigido especialmente aos que sofrem. Ouvindo o prefácio do livro, Neco identificou-se com a personagem, aprendendo a depositar sua esperança principalmente em Jesus:

> *Meu irmão e meu amigo, abre estas páginas refletindo no turbilhão de lágrimas que se represa no coração humano e pensa no quinhão de experiências amargas que os dias transitórios da vida te trouxeram. É possível que também tenhas amado e sofrido muito. Algumas vezes experimentastes o sopro frio da adversidade enregelando o teu coração. De outras, feriram-te a alma bem intencionada e sensível a calúnia ou o desengano. Em certas circunstâncias, olhaste também o céu e perguntaste, em silêncio, onde se encontrariam a Verdade e a Justiça, invocando a misericórdia de Deus, em preces dolorosas. Conhecendo, porém, que todas as dores têm uma finalidade gloriosa na redenção do teu Espírito, lê esta história real e medita. Os exemplos de uma alma santificada no sofrimento e na humildade te ensinarão a amar o trabalho e as penas de cada dia; observando-lhe os martírios morais e sentindo, de perto, a sua profunda fé, experimentarás um consolo brando, renovando as tuas esperanças em Jesus-Cristo.*

---

[13] Romance de Emmanuel, psicografado por Chico Xavier, editado pela FEB (Federação Espírita Brasileira).

O PAPAGAIO

Nélson sabia que ia desencarnar e via isso com serenidade.

Antônia, todavia, sofria muito com a expectativa da morte próxima de Nélson e frequentemente desabava em prantos.

Nélson procurava consolá-la:

– Não chore, Antônia, a morte não existe, apenas mudamos de plano e eu, sempre que possível, estarei a seu lado... Não chore, Antônia...

Antônia, sabendo que suas lágrimas incomodavam Nélson, mas não conseguindo sopitar o pranto, passou a chorar escondida. Normalmente ia para o quintal, para que Nélson não a visse e aí deixava correr as lágrimas e os soluços.

O que Antônia não previa era a ação do papagaio. Tão logo começava a chorar, o papagaio passava a falar sem parar, num som alto e estridente:

– Não chore, Antônia, não chore... Não chore, Antônia, não chore...

Nélson ouvia o papagaio, e vinha, vencendo suas limitações, consolar Antônia. Isso aborrecia Antônia, que ficava muito irritada com o papagaio e não sabia como esconder-se dele.

Nélson e os amigos, para maior desgosto de Antônia, achavam o papagaio muito engraçado. A história do papagaio virou uma das piadas na colônia.

***

Nélson, como previa, apesar dos prantos de Antônia e das falas do papagaio, partiu para o plano espiritual, concluída a sua provação.

Chegou do lado de lá da vida com seu jeito expansivo, reconhecendo amigos, especialmente Virgílio Quáglio que recebeu o companheiro das tarefas espíritas, redimido e purificado, com grande carinho e afeto.

***

A morte de Nélson não interrompeu as leituras nem a profunda amizade que unia Antônia e Neco, amizade que já possuía o selo da imortalidade.

Aconteceu em algumas tardes, após a morte de Nélson, estarem somente Linda, Antônia e Neco nas leituras, porém Neco continuou vendo e ouvindo Linda com o mesmo encantamento.

Paulo e Estevão[14]

Nesse romance, que transcorre logo após Jesus ter deixado a carne, Emmanuel retrata o Apóstolo Paulo, e também Estevão o grande mártir do cristianismo nascente.

Nele é apresentado "o cooperador fiel, na sua legítima feição de homem transformado por Jesus-Cristo e atento ao divino ministério".

Ouvindo esse romance pela voz suave de Linda de Freitas, Neco aprendeu que:

Jesus não é um mestre de violências, a figura de Paulo avulta muito mais aos nossos olhos, é que ele ouviu, negou a si mesmo, arrependeu-se, tomou a cruz e seguiu o Cristo até o fim das suas tarefas materiais. Entre perseguições, enfermidades, apodos, zombarias, desilusões, deserções, pedradas, açoites e encarceramentos, Paulo de Tarso foi um homem intrépido e sincero, caminhando entre as sombras do mundo, ao encontro do Mestre que se fizera ouvir nas encruzilhadas da sua vida. Foi muito mais que um predestinado, foi um realizador que trabalhou diariamente para a luz.

O Mestre chama-o, da sua Esfera das claridades imortais. Paulo tateia na treva das experiências humanas e responde: – Senhor, que queres que eu faça?

Entre ele e Jesus havia um abismo, que o Apóstolo soube transpor em decênios de luta redentora e constante.

E Neco aprendeu que assim como Paulo teve uma missão designada por Jesus, todos nós também temos uma tarefa a cumprir. E a ele, Neco,

---

[14] Romance de Emmanuel, psicografado por Chico Xavier,editado pela FEB (Federação Espírita Brasileira).

cumpria descobrir o quanto de trabalho próprio lhe competia, a fim de ir ao encontro de Jesus.

Mas essa tarefa era impossível de ser executada sem auxílio, mas assim como Paulo teve o auxílio de Estevão no seu trabalho, do outro lado da vida, havia Espíritos amigos que se colocariam ao seu lado na execução das tarefas nobres.

Renúncia[15]

No "curso sobre Jesus-Cristo" ministrado por Emmanuel, com auxílio da voz de Linda de Freitas, Neco teve mais uma matéria, nesta Publio Lêntulus assume o personagem Padre Daminano, encarnado no Espanha do século 17. A figura central, no entanto, é Alcione.

Tomemos dos próprios textos de Emmanuel alguns parágrafos que, transformados em pinceladas rápidas, produzam um esboço desse anjo que nos ensina o desprendimento:

Lembramo-nos de Alcione, desde os dias de sua infância. Muitas vezes a vi, com o Padre Damiano, num velho adro de Espanha, passeando ao pôr do sol.

– Padre Damiano, quem terá feito as nuvens, que parecem flores grandes e pesadas, que nunca chegam a cair no chão?

– Deus, minha filha – dizia o sacerdote.

Mas, como se no coração pequenino não devesse existir esquecimento das coisas simples e humildes, voltava a interrogar:

– E as pedras? – quem teria criado as pedras que seguram o chão?

– Foi Deus também.

Então, após meditar de olhos mergulhados no grande crepúsculo, a pequenina exclamava:

– Ah! Como Deus é bom! Ninguém ficou esquecido!

---

[15] Romance de Emmanuel, psicografado por Chico Xavier, editado pela editora FEB (Federação Espírita Brasileira).

E era de ver-se a sua bondade singular, o interesse pelo dever cumprido, dedicação à verdade e ao bem.

...

Os minutos – do relógio da eternidade – correram sempre movimentados e cheios de amor. A criança de outros tempos tornara-se a benfeitora cheia de sabedoria. Sua vida não representava um feixe de atos comuns, mas um testemunho permanente de sacrifícios santificantes. Desde a primeira juventude, Alcione transformara-se em Centro de afeições, em fonte de luz viva, onde se podiam vislumbrar as claridades augustas do Céu. Sua conduta, na alegria e na dor, na facilidade e no obstáculo, era um ensinamento generoso, em todas as circunstâncias.

Creio mesmo que ela nunca satisfez a um desejo próprio, mas nunca foi encontrada em desatenção aos desígnios de Deus. Jamais a vi preocupada com a felicidade pessoal; entretanto, interessava-se com ardor pela paz e pelo bem de todos. Demonstrava cuidado singular em subtrair, aos olhos alheios, seus gestos de perfeição espiritual, porém queria sempre revelar as ideias nobres de quantos a rodeavam, a fim de os ver amados, otimistas, felizes.

...

Com Alcione, percorrendo as páginas do romance "Renúncia", através da voz de Linda de Freitas, Neco aprendeu a lembrar-se dos outros, a ouvir os outros, a considerar que existiam pessoas mais necessitadas que ele mesmo.

Ave Cristo[16]

Coroando o seu aprendizado sobre o Evangelho de Jesus, Neco ouviu esse romance que fornece as diretrizes para o trabalho com Jesus, tendo como fio condutor os heroicos cristãos do século três:

Que o exemplo dos filhos do Evangelho, nos tempos pós-apostólicos, nos inspire hoje a simplicidade e o trabalho, a confiança e o amor, com que

[16] Romance de Emmanuel, psicografado por Chico Xavier, editado pela editora FEB (Federação Espírita Brasileira).

sabiam abdicar de si próprios, em serviço do Divino Mestre! Que saibamos, quanto eles, transformar espinhos em flores e pedras em pães, nas tarefas que o Alto depositou em nossas mãos!...

Hoje, como ontem, Jesus prescinde das nossas guerrilhas de palavras, das nossas tempestades de opinião, do nosso fanatismo sectário e do nosso exibicionismo nas obras de casca sedutora e miolo enfermiço.

O Excelso benfeitor, acima de tudo, espera de nossa vida o coração, o caráter, a conduta, a atitude, o exemplo e o serviço pessoal incessante, únicos recursos com que poderemos garantir a eficiência de nossa cooperação, em companhia dele, na edificação do Reino de Deus.

Suplicando-lhe, assim, nos ampare o ideal renovador, nos caminhos de árdua ascensão que nos cabe trilhar, repetimos com os nossos veneráveis instrutores dos primeiros séculos da Boa Nova:

– Ave, Cristo! Os que aspiram à glória de servir em teu nome te glorificam e te saúdam!

Despedindo-se de Linda de Freitas

Com esse último romance de Emmanuel, embora nem tudo houvesse sido apreendido, Neco estava muito mais próximo do Evangelho e de Jesus.

Linda de Freitas partiu, concluído seu tratamento.

Passado algum tempo, ela ainda voltaria para passar por algum tratamento no Centro Clínico e Cirúrgico do hospital, por alguns dias.

Curioso que, embora a extrema afinidade e o profundo afeto que brotou espontaneamente entre Neco e Linda, jamais tiveram alguma atitude que pudesse manchar o casamento de Linda.

Neco nunca mais a veria nesta encarnação, mas o curto convívio nas 70 tardes de sábado que passaram juntos, aprendendo sobre Jesus e seu Evangelho, usufruindo do prazer simples de estarem juntos, deixou uma marca profunda em Neco.

Linda de Freitas não lhe deu filhos, nem nenhum prazer carnal, mas deu-lhe muito, ao proporcionar-lhe uma aproximação com Jesus.

De outra feita, fez questão de testemunhar-lhe nesse breve período o quanto o queria bem, o quanto o amava, embora fosse um amor todo espiritual, todo afinidade, todo compreensão.

A PARTIDA DE ZECA

A partir de 60 o problema renal de Zeca, irmão de Neco, foi piorando até que em abril de 1963, Zeca, muito doente, foi levado para o CCC, Centro Clínico Cirúrgico do Hospital.

Neco percebia que ele estava vivo porque respirava levemente, e assim foi agonizando por vários dias.

Neco passava muitas horas com ele.

Ia para seus aposentos, dormia, tomava suas refeições e o resto do tempo passava junto com o Zeca.

Embora tendo vários conceitos espíritas, Neco ainda era católico, um catolicismo mais formal do que vivido. Zeca era bem mais afeiçoado ao catolicismo.

Quinta-feira, 3 de maio de 1963

No mês de maio, aproximando-se dia 3, as "Filhas de Maria[17]" faziam uma procissão percorrendo todos os corredores do hospital, levando uma estátua de Nossa Senhora Aparecida, representando Maria.

Quando foi aí pelas 14 horas, surgiu a procissão pelos corredores do CCC, onde Zeca estava internado; no meio daquele silêncio começou-se a ouvir o coral das "Filhas de Maria" cantando músicas dedicadas a Nossa Senhora:

> *"Vestida de branco, Ela apareceu,*
>
> trazendo na cinta as cores do céu.
>
> Ave, Ave, Ave-Maria!
>
> Ave, Ave, Ave-Maria!..."

O volume foi aumentando, passaram em frente à enfermaria, foram até o fim do corredor; depois voltaram, passaram novamente

[17] "Filhas de Maria" organizações católicas que congregam moças devotas da mãe de Jesus

em frente à enfermaria e foram embora; o ambiente era de extrema paz, emoldurada pelas vozes doces e suaves das moças cantando aquela música. À medida que se aproximavam ou se afastavam da enfermaria, o som aumentava e diminuía lentamente, até que voltou o silêncio àquela ala do hospital.

Quando se fez o silêncio, Zeca deu o seu último suspiro; pareceu que se levantou, abandonou o corpo físico e seguiu aquele cântico encantador, formulado por aquelas jovens vestidas de azul e branco.

Neco já havia tido contato com vários livros espíritas e entendeu o fenômeno: Zeca era muito católico, e aquele ambiente de religiosidade certamente elevou o seu padrão vibratório, facilitando o seu desligamento do corpo carnal.

Zeca, até àquela época, era a pessoa que estivera mais próxima a Neco; todos os irmãos carnais que lhe eram próximos haviam partido.

Maria Custódio experimentava pela quarta vez a morte de um filho.

Um velório sela uma amizade

Havia que se fazer um velório; Zeca era bastante conhecido: com pequenas interrupções, morava em Santo Ângelo há mais de trinta anos; Catelli cedeu sua casa para que fosse velado o corpo de Zeca.

Esse fato foi efetivamente um marco; morria a família carnal, nascia a família espiritual; a atitude de Catelli cedendo a casa para o velório sensibilizou Neco sobremaneira.

De outro lado, com o falecimento de Zeca, Neco ficou mais livre, pois Zeca exigia uma série de cuidados e, com mais tempo livre, Neco pode dedicar-se mais aos seus amigos.

Reencontro

Essa condição favoreceu-o a tornar-se íntimo de Catelli e Candinha e, ao longo das décadas, esses laços foram se fortalecendo, como, aliás, já havia sido planejado antes do nascimento do trio, pois eles haviam sido pais de Neco em encarnações passadas e suas vidas haviam se entrelaçado inúmeras vezes, tanto na terra quanto no plano espiritual; esse amor que possuía um colorido paternal por parte de Catelli e Candinha, veio a se realizar para grande conforto dos três personagens.

Era comum conversarem sobre os conceitos espíritas e comentarem as atividades do Centro, vez por outra emprestavam livros espíritas para Neco, dentro da grande amizade que os unia; porém nunca Catelli e Candinha pressionaram Neco para tornar-se espírita; sequer o convidaram para ir ao Centro Espírita João Cândido.

Consideravam que ele sabia da existência do Centro, já havia tido, de forma indireta, informações sobre a Doutrina Espírita e que quando quisesse deveria fazer as suas escolhas em regime de plena liberdade e espontaneidade.

Festa de aniversário

Domingo, 25 de abril de 1964

Candinha completaria no dia seguinte 51 anos.

Resolveram fazer a festa de aniversário no dia anterior, domingo, pois na segunda haveria reunião do Centro, e seria mais difícil para as irmãs de Catelli comparecerem.

Catelli e Candinha convidaram Neco e insistiram, pois se o convite não fosse afirmado e reafirmado, ele não comparecia, mas fizeram isso de bom grado, pois o conheciam bem, e respeitavam o seu jeito de homem "fechado".

Neco havia conquistado o coração do casal, sua postura de correção, sua compreensão da dor, atencioso e prestativo, sem ser intrometido, tornava agradável sua presença.

O fator das encarnações passadas, evidente para Catelli e Candinha, espíritas, não era óbvio para Neco que mantinha uma posição nebulosa quanto às crenças espíritas.

Na intimidade, o casal fazia suas conjecturas de quem teria sido no passado, aquele moço de quase 40 anos que tanto lhes falava ao coração; mas evitavam entrar nessas questões junto ao próprio Neco.

Porém o convívio no presente trazia um expressivo fortalecimento dos laços sentimentais; pobre materialmente, Neco se destacava pela riqueza dos pequenos gestos; com boa vontade infinita se prestava a ser os olhos do casal cego, lendo algum documento, conduzindo-os a um local onde necessitavam ir, tomando pequenas providências desde adquirir algum item necessário ao almoço na mercearia ou escrever uma carta; e nas suas atitudes não se vislumbrava a mais leve queixa ou tédio em executar essas pequenas tarefas.

O coração de Neco sentia esse amor que fluía do casal, embora não tivesse consciência do quanto aquele casal o amava.

***

Mas voltemos à festinha de aniversário de Candinha.

O céu estava limpo, uma brisa fria prenunciava a noite. Venus, a "estrela vespertina", lançava sua luz branca e pontual.

A casa estava impecavelmente limpa e arrumada; flores enfeitavam a sala e a pequena varanda; luzes acesas; músicas de qualidade tocando no aparelho de som.

A "mãe francesa" de Candinha havia chegado antes do almoço, e com seu forte sotaque criava um clima Europeu na residência.

As irmãs de Catelli vieram para o almoço, porém trazendo doces e quitutes para a festa da noite; falavam alto eram expansivas e afetuosas.

À noite, vieram os amigos; muita gente do Centro: Mieli, Antônia Gomes, Êncio e a esposa Noca, Luiz Betcher, Adelaide, e tantos outros.

Também amigos não espíritas como Neco e Sílvio com a esposa.

***

A festinha de aniversário assemelhava-se a uma reedição dos saraus do século 18 em casa do antigo capitão João Batista de Oliveira, com muitos daqueles Espíritos com histórias seculares de relacionamento.

Além dos encarnados, compareciam também desencarnados amigos; o ambiente ficava saturado de fortes vibrações, de um clima quase de encantamento.

***

Comia-se e bebia-se com moderação; depois alguém corria os dedos num violão e Candinha soltava a voz nas suas canções sentimentais.

E se ouvia sua bela voz, relembrando "Orlando Silva", com Carinhoso:

Meu coração, não sei por que,
Bate feliz quando te vê
E os meus olhos ficam sorrindo
E pelas ruas vão te seguindo
Mas mesmo assim
Foges de mim...

Ou Sílvio Caldas, com o "Chão de Estrelas":

A porta do barraco era sem trinco,
Mas a lua furando nosso zinco
Salpicava de estrelas nosso chão;
Tu pisavas nos astros distraída
Sem saber que a ventura desta vida
É a cabrocha, o luar e o violão...

Voltava o aparelho de som e alguns dançavam expressando a alegria e o afeto de todos.

***

Aí pelas onze partiam sentindo o ar frio da noite; vários eram cegos, como a própria aniversariante; não podiam ver as estrelas do céu com seus olhos carnais, mas como não tinham sobre suas mentes a grosseira camada dos preconceitos, mas apenas o véu das indagações fundamentais sobre os mistérios da vida, as luzes da sabedoria maior "furavam o seu zinco e salpicavam de estrelas seu coração...".

A PARTIDA DE LUIZ

Neco ainda recebia notícias da família por meio de um aparentado distante, irmão de uma tia por afinidade, que cerca de duas vezes por ano aparecia em Santo Ângelo. Era espírita e ficou sabendo de Manuel e Zeca quando veio com uma caravana visitar o Asilo.

Esse aparentado morava em São Paulo, mas eventualmente ia até Santos visitar a irmã, e trazia notícias.

Era na época seu único vínculo com a família.

***

Certa feita, esse aparentado chegou inesperadamente de jipe, comunicando que Luiz, pai de Neco, havia falecido, em virtude de problemas decorrentes da idade, notadamente a hipertensão; ofereceu-se inclusive para levá-lo a Santos, para as solenidades do enterro.

Embora ainda não frequentasse as reuniões do Centro Espírita João Cândido, Neco já sabia o suficiente para compreender que em Santos estaria apenas o corpo do pai; de outro lado, as viagens já eram muito penosas devido às frequentes crises de vômito de que padecia ao andar de automóvel; preferiu ficar e orar.

Tendo já conhecimentos sobre a reencarnação, Neco refletiria muitas vezes sobre o que ele e os irmãos teriam feito contra o pai para semearem no coração de Luiz ressentimento tão profundo com relação aos filhos.

Conquanto os erros de Luiz, motivados principalmente pelo álcool, Neco nunca teve raiva do pai, inclusive sempre o admirou pelo seu senso prático, sua habilidade como artesão e comerciante.

***

No universo da família carnal somente restava a mãe, Maria Custódio, com seu amor maternal e o carinho que jamais abandonaram Neco.

NÃO PEQUEIS MAIS...

Poema de Virgílio Quáglio[18] do livro
Sementeiras de Luz

"Não pequeis mais". Adverte com bondade,
o Mestre, ao paralítico do lago,
que, nessa hora, deixando o leito vago,
caminha livre e são da enfermidade.

Não pequeis mais! Seja a Caridade
um lema, e o sofrimento um doce afago,
a lágrima um credor contente e pago
e a tolerância e a fé uma verdade.

Não pequeis mais! Conselho de toda hora,
para o que sofre ou ri, ou canta, ou chora,
nesta escola de dor e provação.

"Não pequeis mais". Estrela cintilante,
que guia os passos do viajor errante,
para o Porto Feliz da Salvação.

[18] Virgílio Quáglio, hanseniano, fundador do Centro Espírita João Cândido, de Santo Ângelo.

Livro 2
O trabalhador espírita

Onde o personagem principal define como eixo de sua vida o trabalho espírita: transformando a si mesmo, instruindo-se e amando o próximo, transforma também o mundo.

Domingo, 12 de junho de 1966

Centro Espírita João Cândido, numa tarde ensolarada.

A temperatura está fresquinha, o sol brilha, um lindo dia.

Manuel põe uma roupa melhor, está alegre sem saber direito o porquê.

Veio uma caravana espírita de Jacareí, alguns dos caravaneiros eram aparentados da enfermeira Cidinha.

Foi convidada, pelo pessoal de Jacareí a senhora Gilma Brocardo, muito simpática, esposa de José Brocardo, de São José dos Campos, para fazer uma palestra.

Cidinha ia assistir à reunião; Manuel resolveu ir também ao Centro; às duas horas estava lá, sentou-se na última fileira de cadeiras.

Manuel assistiu à palestra e gostou. Foi uma bonita palestra.

Terminada a reunião, todos foram saindo e Manuel ficou lá. Quando Catelli, que era cego, passou por ele, Manuel, que ainda enxergava, disse:

– Oi, Catelli.

– Oi, Manuel, você está aí?

– Estou, desde o começo da reunião.

– Ah, Manuel, você me deixou contente.

***

Embora Neco frequentasse a casa de Catelli e Candinha já há quase dez anos, o casal nunca convidara Neco para ir ao Centro; nem sequer insinuara que ele deveria ir.

Neco tem uma especial aversão ao proselitismo, analisando a atitude de Catelli e Candinha dizia:

– Um espírita inteligente não insiste para que esse ou aquele vá até ao Centro. Pode até dizer: "Amanhã tenho que ir ao Centro fazer tal coisa", mas não convida. Ele não me convidava, pois avaliava corretamente as pessoas, e me via com inteligência bastante para tomar uma decisão quando chegasse o momento, e assim aconteceu naquele domingo de Junho de 1966.

***

A partir desse dia, Neco frequentaria o Centro Espírita João Cândido por mais de 40 anos, faltando apenas quando absolutamente impedido por um problema de força maior.

Ele e Catelli seriam uma dupla de trabalhadores inseparáveis.

Naquele domingo, faltando apenas um mês para completar quarenta anos, Neco iniciava uma nova fase de sua encarnação: a do "trabalhador espírita".

FÉ

Poema de Virgílio Quáglio[19] *do livro*
Sementeiras de Luz

Contemplo desolado a longa estrada,
que preciso vencer. . . E estou vencido.
Brado esbravejo, choro na calada
noite de minha dor, sem ser ouvido.

Lágrima! Pérola de luz gerada
na concha negra do erro cometido
Lágrima é... Eu ouvi... Mas não vi nada!...
e alguém falou... Deliro... Estou perdido...

– Sou a fé. Sou a escada que conduz
a humanidade aos páramos de luz,
sepultura da dor e da ilusão.

Ter fé é ver o céu dentro do inferno;
ter fé é ter calor em pleno inverno;
ter fé é sentir Deus no coração!

[19] Virgílio Quáglio, hanseniano, fundador do Centro Espírita João Cândido, de Santo Ângelo.

A ALTA LOUCA

Em 1967, o médico Abrahão Rotberg assumiu o Departamento de Profilaxia da Lepra, e tomou a decisão de dar alta a um grande número de internos de Santo Ângelo.

Reuniu todos os internados num dos corredores da Policlínica, onde inclusive eram feitos os pagamentos dos internos que ali trabalhavam e falou algo mais ou menos assim:

– Vocês sabem o que é bom para vocês? Irem embora. Estão precisando é de uma picareta para trabalhar!...

E deu uma alta generalizada, mesmo para aqueles recentemente internados e que estavam fazendo tratamentos para a cura da hanseníase.

Os internos chamaram essa alta de "alta louca", o hospital esvaziou-se.

Sem a mão de obra dos internos, o hospital contratou funcionários residentes na região, pois o vazio onde se situava Santo Ângelo no começo dos anos 30 foi se povoando e, passados quase 40 anos, o hospital já estava cercado de residências.

Os ouvidos sensíveis de Neco identificaram esse vazio em decorrência de um fato curioso: quando ia para o Centro, passava em frente a alguns pavilhões femininos e sempre chamava sua atenção, o vozerio das mulheres.

O barulho foi diminuindo, diminuindo, ao longo das semanas, até que os pavilhões ficaram absolutamente silenciosos; todas as mulheres daqueles pavilhões foram embora, tangidas pela "alta louca".

Neco, Catelli, Candinha, Mieli e outros ex-hansenianos que possuíam sequelas graves e necessitavam tratamento constante, não foram atingidos pela "alta louca".

A partir daquele 12 de junho de 1966, ir ao Centro às segundas, quartas e sextas, passou a ser um fato importante na vida de Neco.

Um fato simples, mas pleno de conteúdo a expressar-se em afeição, aprendizado, consolação e trabalho, trabalho aqui entendido como realização pessoal, sentir-se útil...

Observemos uma dessas noites:

A MONTAGEM DA LINHA DE ATACANTES

Segunda, 8 de julho de 1968

A noite desce lentamente sobre os campos de Santo Ângelo.

São apenas 17h45, mas já está escurecendo.

Neco ainda enxerga, mas sua vista declina dia a dia, prenunciando a cegueira.

Êncio, que enxergava normalmente, encerrou suas atividades como eletricista às 17 horas e foi buscar o Mieli, cego, no pavilhão onde residia, e o trouxe para sua própria casa.

O Catelli, embora cego, movia-se com desenvoltura, tinha bom tato nas mãos; ia com a bengala, dobrava a travessa onde morava Adelaide e chegava até a casa de Êncio; pegava o Mielli e voltava para sua casa trazendo-o vagarosamente e com cuidado.

Era um cego conduzindo outro, como na alegoria de Jesus, mas felizmente eram cegos apenas segundo a carne, e não caíram no abismo, como aqueles cegos do espírito aos quais se referia Jesus.

Neco havia jantado no pavilhão santista às 17 horas e, como enxergava ainda, ia até a casa do Catelli.

Chegando lá, era montada a linha de atacantes:

Da esquerda para a direita, Catelli; na ponta esquerda, que embora não enxergasse manejava bem a bengala, segurando no braço da Candinha, que por sua vez ia de braço direito apoiada no braço esquerdo do Neco; finalmente Mieli, na ponta direita, que andava ainda, mas "jogava" um pouco o pé, em virtude de suas articulações apresentarem problemas, ia segurando no braço direito de Neco.

***

E aqueles quatro deficientes visuais, dos quais o único que enxergava alguma coisa era o Neco, seguiam alegres, conquanto vagarosos, para o Centro.

O crepúsculo esparramava sua luz suave, as primeiras estrelas nasciam, e a alegria de uma amizade pura e sincera unia aqueles quatro corações, iluminando seus caminhos, enquanto se dirigiam à fonte onde beberiam a água pura prometida por Jesus.

REUNIÕES

Interior do Centro Espírita.

As reuniões eram das 18 às 20 horas; iniciavam-se com a prece de abertura, seguida de leitura e estudo de um trecho da codificação; a leitura era ordenada, iniciava por O Livro dos Espíritos e seguia pelos demais livros de Kardec, concluindo com A Gênese; esse processo levava alguns anos. Chegando ao fim da codificação, voltavam a ler novamente O Livro dos Espíritos.

Havia também a prática mediúnica, onde o principal médium de incorporação era o Betcher, amigo de infância de Neco, atuando principalmente o Catelli como doutrinador.

***

Era muito comum a manifestação de escravos:

Um Espírito, por intermédio Betcher disse, certa vez:

– Eu quero matá-lo... Eu fui seu escravo... Eu estou atrás de você há duzentos anos...

E Catelli:

– Meu irmão, chegou a hora de perdoar... Perdoando, você se libertará. Se o ofendi, nesta hora eu lhe peço perdão...

***

O Centro contava com três médiuns passistas: Candinha, Êncio e sua esposa, Noca, conhecidos de Neco desde sua adolescência que ministravam o passe regularmente no Centro.

Findo os trabalhos, as reuniões eram encerradas com a prece final.

A Diretoria

A diretoria do Centro era eleita anualmente, eram distribuídas cédulas, todos os participantes eram ao mesmo tempo eleitores e candidatos. Distribuídas as cédulas, cada um escrevia, ou sendo cego, pedia para outro escrever o nome do seu escolhido para presidente; quem tivesse maior número de votos era eleito. A seguir, repetia-se o processo para secretário, tesoureiro, etc.

Tomando café

Saindo do Centro, Neco acompanhava o casal amigo de volta a casa.

Neco sentava-se numa cadeira perto da porta da cozinha, Candinha e Catelli, em duas cadeiras perto da pia.

E ali os três conversavam.

Amantes do conhecimento, da cultura e da Doutrina Espírita, não faltavam assuntos.

A deficiência visual de Neco, já bastante agravada, desenvolvera sua acuidade auditiva, gradualmente ele ia confiando mais na audição e menos na visão.

No meio da conversa, atentos ao que acontecia, a extrema sensibilidade identificava os mínimos detalhes, percebiam o suave ruído do pó sendo posto no coador, a água na chaleira, a chaleira no fogo; mas a conversa continuava normalmente, sem a mínima alteração no tom de voz ou pequena pausa que identificasse que eles estavam percebendo o que se passava.

Repentinamente os três silenciavam: Candinha estava pegando a chaleira no fogo; a sua concentração se elevava ao máximo, pois sendo cega e não tendo sensibilidade nas mãos, devia derramar a água fervente exatamente na boca do coador, sem queimar-se, derramar água fora do coador, transbordar o coador, ou qualquer outro acidente; uma operação extremamente delicada e que exigia tudo dela.

Os dois ficavam em suspenso enquanto Candinha, aplicando toda a sua sensibilidade e audição, concluía a operação, invariavelmente com êxito.

Em dado momento, ouviam o ruído surdo da chaleira sendo depositada na pia.

Havia uma quase catarse, a tensão passava, os três se descontraíam e continuavam a conversar calmamente, enquanto Candinha punha o café nas xícaras e o servia.

***

Catelli era muito estabanado e muito agitado; toda hora levantava-se, ia até o quarto, através de um corredor, ou até à sala e voltava. Candinha, que tinha problemas nos pés e como conhecia bem o marido, dizia para que ele não pisasse nela por engano; um pisão dele seria catastrófico.

– Catelli, eu estou aqui! Catelli, eu estou no mesmo lugar!

E o Catelli ficava "meio cheio" com aquelas observações repetidas.

– Candinha, eu sei que você está aí, não precisa ficar repetindo...

– Eu também sei que "você está aí", mas sei também o marido que eu tenho, e se eu não falar, você vem por cima de mim...

Essas contradições, entretanto, não nasciam de conflitos entre os dois, mas da extrema naturalidade que caracterizava o relacionamento daquelas duas almas que se amavam.

Aquele amor que unia os três Espíritos era como um chafariz, jorrando sempre numa praça, assumindo cores diferentes, mas sempre dando vida e alegria àqueles corações.

***

Porém o convívio com Candinha não seria dilatado. Quatro anos depois, num sábado, 16 de dezembro de 1972, Candinha partia de volta à pátria espiritual, redimida e luminosa; purificada pelas duras provações terrestres.

Convivendo com Catelli

Com a despedida de Candinha, o convívio com Catelli tornou-se mais intenso.

Todas as manhãs, Catelli e Neco conversavam, trocando experiências ou reflexões: os locais preferidos para a troca de ideias eram o Centro e o Pavilhão Santista, onde residia o Neco.

Além disso, iam assiduamente às reuniões e outras atividades do Centro Espírita João Cândido, visitavam os acamados aos domingos à tarde, sempre juntos; houve vários anos, em que ocorriam três reuniões por semana, ou seja, 156 por ano, pois elas eram feitas sempre, mesmo que o dia da reunião caísse num feriado. A dupla de amigos compareceu nas 156, sem faltar a uma sequer.

FEVEREIRO DE 1970

Conquanto os vários tratamentos da visão, ela foi se reduzindo de forma inexorável. No começo de 1970, Neco não conseguia mais ler.

2 DE DEZEMBRO DE 1970

Havia um interno cego, Bernardino Rossi, descendente de italianos, que pediu que apanhassem nas cercanias de Santo Ângelo um galho de guatambu, madeira resistente e leve.

A madeira foi desbastada e lixada, tornada roliça com uma pequena saliência numa das pontas para ser segurada com mais facilidade.

Durante muitos anos Bernardino Rossi usou esse porrete para orientar-se nas suas caminhadas.

Em dois de dezembro de 1970, Bernardino morreu.

Ao arrumarem o quarto dele, deram com o porrete de guatambu[20].

Sabendo do fato, Neco, que ainda tinha um restinho de visão, mas sabendo que a cegueira estava próxima, pediu o porrete e passou a usá-lo[21].

Neco não poderia usar essas bengalas leves e dobráveis que os cegos usam, pois tinha dificuldades com o equilíbrio, devido a problemas no joelho. A bengala então deveria não somente permitir a identificação de caminhos e obstáculos, mas também servir de apoio. O porrete de guatambu atendia às duas finalidades.

No começo, ainda conseguia manejá-lo com uma única mão, mas com a atrofia crescente das mãos, passou a utilizá-lo segurando-o com as duas.

---

[20] Árvore que corre em toda mata atlântica, com diâmetro de 40/80cm e altura de 10m a 40m.

[21] Quando escrevi este texto em fins de 2009, o porrete de guatambú de Bernadino ainda estava em excelente estado, após 32 anos de uso pelo Neco, e sabe-se lá quantos anos Bernadino usou.

15 de Fevereiro de 1971

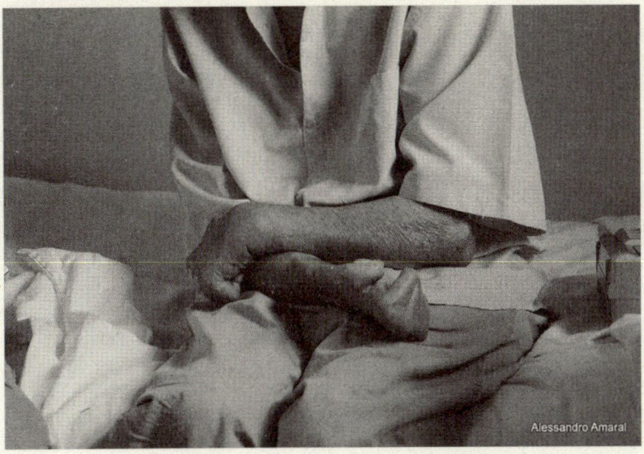

Mãos de Neco, parcialmente atrofiadas por sequela da hanseníase.

Neco levantou-se pela manhã e percebeu que não estava enxergando nada.

Dirigiu-se para a pia, levantou o braço e uma sombra passou à sua frente. Imaginou que fosse uma barata.

Passou a mão e não sentiu nada. Olhou em direção à pia e não viu nada.

Naquela manhã, constatou que estava absolutamente cego.

Passou o dia normalmente, jantou sem enxergar nada.

Após o jantar, às 17 horas, pegou o porrete de guatambu e dirigiu-se para a casa de Catelli. Caminhava na base do "radar", pois não enxergava absolutamente nada. Lá chegando, disse:

– Catelli, não estou enxergando nada...

Ele respondeu:

– Mas você só tinha 1% de visão, a diferença não é grande...

Uma ou duas semanas depois, Neco foi ao antigo leprosário de Pirapitingui, que tinha um departamento de oftalmologia melhor aparelhado, passou alguns dias lá, porém a resposta dos médicos foi que não havia mais nada a fazer.

***

O tato é a visão do cego. Pelo tato ele pode reconhecer pessoas e objetos, pode ler em braile, pode executar mil e um trabalhos.

O tato faz do cego um meio cego, no sentido de que muita coisa pode ser "vista" tocando, sentindo sua forma, sua temperatura, sua textura.

Porém Neco não possuía o sentido do tato nos dois braços, suas mãos insensíveis nada "viam"; o único sentido a suprir a falta de visão eram os ouvidos; ou seja, ele estava 100% cego, materialmente falando.

Mas podia ouvir, e a audição passou a ser o principal meio de recepção de informações do meio exterior.

Porém a misericórdia divina, sempre presente nas nossas vidas trazendo alívio a nossas dores, permitiu que ele conquistasse uma refinada sensibilidade, percebendo emoções e sensações num simples tom de voz, ou num fato qualquer que passaria despercebido para a maioria das pessoas.

O porrete de guatambu
Tateia caminhos,
Toca rotas e obstáculos,
Sua voz solfeja vogais
tac, tec, tic, toc, tuc.

O porrete de guatambu
É a bússola do Neco,
Aponta onde a necessidade está.

Maria precisa de 10 cruzeiros...
João precisa conversar...
Luiz precisa de um sanduíche...
Antônio precisa de consolação...

O porrete vai atrás da necessidade com precisão,
Neco vai atrás do porrete.

Ah, como é bom
Ter um bom coração,
Ter um porrete de guatambu,
Que acha com precisão
Onde está Jesus.
Pois socorrer a necessidade
É a salvação.

Durante muitos anos se observariam calos nos pulsos de Neco, produzidos pelo porrete de guatambu, de tanto que ele se locomovia em obediência aos ensinamentos de Jesus "batei e abrir-se-vos-á, buscai e achareis". Neco batia perna o dia todo no hospital, com seu porrete, procurando ocasiões de fazer o bem.

Um ensinamento de Jesus, especialmente, dava muita oportunidade de trabalho: "estive doente e fostes me ver"; na década de 70, apesar da "alta louca" ainda restaram no hospital cerca de 700 pacientes.

Essa movimentação, Neco enfrentava alegremente, pois se o apóstolo Paulo afirmou "Deus ama quem dá com alegria" é razoável concluir que "Deus ama aquele que caminha com alegria, procurando o bem".

Nesse ponto de vista a moral espírita, positiva, que nos incentiva a ação, ajudou a melhorar a saúde de Neco, incitando-a a inúmeras e saudáveis caminhadas.

CAMINHADA E RIQUEZA

Aquele que nos lê, dispondo de visão e boas pernas e pés; caminhando com desenvoltura sem necessidade de tatear com um porrete, dificuldade aumentada pelo fato de não dispor de sensibilidade nas mãos, reflita sobre outro conselho de Paulo, apóstolo: "Deveis andar e agradar a Deus, assim também andem para ir crescendo cada vez mais"[22].

Neco saía de si mesmo, saía de seu quarto, saía dos seus problemas, das suas dores e sequelas, e mesmo cego ia às apalpadelas, caminhando alegre em busca da oportunidade de fazer o bem, e

[22] 1ª Epístola aos Tessalonissenses Cap. IV, vers. 1.

embora "pobre como Jó", como diria Candinha, estava rico; embora pequeno e desprezado pelos homens, crescia perante Deus, pois caminhava com a alegria da esperança, caminhava com os benfeitores espirituais que sempre estão ao lado, auxiliando quem trabalha desinteressadamente, na posse do maior de todos os bens, na posse do amor de Deus.

Com Deus, banido o egoísmo de nossa alma, o andar já é atingir o objetivo; o buscar já é encontro; o bater já é abrir as portas...

Participando do Centro, Neco estabeleceu relações mais estreitas com Adelaide.

Quando mencionamos Adelaide pela última vez, corria o ano de 1956, ela estava casada com Paulo[23]; uma união feliz, baseada no amor, no companheirismo, no respeito.

Ela fazia pipoca, amendoim torrado, paçoca... E Paulo, cego, vendia essas guloseimas na porta do cinema.

Como as famílias não podiam ajudar, por serem pobres, tiveram a ideia de vender alguns salgados na entrada do cinema.

Eram pobres, mas felizes, como diria Francisco de Assis: "Onde há pobreza com alegria não há cobiça nem avareza".

***

Em 1962, quando as sequelas no rim de Paulo se manifestaram, surgiu a uremia.

Paulo não pôde trabalhar mais, porém a família dele tinha melhorado a condição econômica e passou a ajudar o casal, que não enfrentou necessidades.

Adelaide foi fiel até o fim, partilhando o sofrimento do marido, assistindo-o, acompanhando-o nas longas noites insones; sofrendo e chorando com o sofrimento dele.

Até que finalmente Paulo entregou sua alma a Deus.

UM NOVO CASAMENTO

Viúva, Adelaide passou a trabalhar na lavanderia, onde o chefe era o João Imperatrice.

João, também viúvo, frequentava com regularidade a casa de Êncio Gaitinha e era muito amigo de Noca, esposa do Gaitinha.

---

[23] Menção feita no 2° Volume, "Chagas de Luz", Livro 3 "O Moço", Capítulo "Casamentos Felizes".

A família de João tinha um bom nível econômico, ele possuía vários irmãos médicos.

Foram surgindo os naturais olhares, o clima de envolvimento.

E um dia Noca abriu o jogo:

– Por que você, Adelaide, não casa com o João? São os dois viúvos e sozinhos; ele está ficando quase cego, dentro em pouco não poderá trabalhar mais...

– Mas eu estou viúva a menos de um ano, isso vai pegar muito mal, todos vão pensar um monte de coisas, não fica bem...

– Não tem nada disso. Para que ficarem aguardando?

E novamente Adelaide se casou, em 1963.

Não tiveram que preocupar-se com questões financeiras. Os parentes de Paulo raramente vinham a Santo Ângelo, mas mandavam tudo de que precisavam, inclusive contrataram uma moça para auxiliar Adelaide nos serviços domésticos. Além disso, o mais importante: os dois se davam bem.

Algumas raras vezes saíram de Santo Ângelo para visitar os familiares de João. Adelaide ficou surpresa ao ver o escritório da empresa da família de Paulo repleto de funcionários.

João Imperatrice era católico e Adelaide espírita; mas os dois respeitavam-se. João dizia:

– Eu vou à igreja e você vai ao Centro.

Alimentar os famintos

Adelaide frequentava as reuniões, mas não era muito assídua; o que ela mais gostava era das atividades assistenciais, entre elas a distribuição de sanduíches, trabalho iniciado no princípio da década de 1960, quando ainda era casada com Paulo.

Catelli, como presidente, encarregava Betcher de providenciar o material: no sábado, Betcher ia até Mogi e comprava 3 quilos de queijo e um quilo de mortadela que eram guardados na geladeira de Adelaide.

No domingo, por volta das 7h30 da manhã, Luiz comprava os pãezinhos e, voltando a Santo Ângelo, entregava a Adelaide.

Adelaide preparava os sanduíches – cerca de 120 em 1966 – quando Neco tornou-se espírita. Esse número era fixado em conformidade com o número de acamados no hospital, para quem eram distribuídos os sanduíches, tarefa executada por Neco e Catelli.

A VIUVEZ

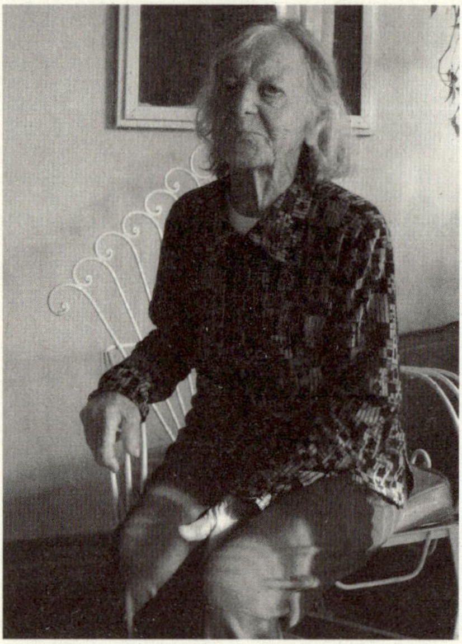

Adelaide aos 93 anos, pouco antes de sua morte.

Porém era muito comum que o pessoal do Centro e as caravanas espíritas fossem até a casa de João e Adelaide. João foi se afeiçoando aos espíritas cada vez mais; tivesse vivido mais alguns anos, provavelmente se tornaria espírita.

E assim viveram mais dezoito anos, até que surgiu a uremia. Foi a vez de acompanhar o sofrimento do segundo marido e vê-lo partir em 1981, após 18 anos de convívio.

Quando João morreu, Adelaide estava com 66 anos e não mais se casaria.

Adelaide gostava de ler, principalmente livros da poetisa Maria Dolores, psicografados por Chico Xavier; a leitura lhe dava grande prazer.

As atividades de Adelaide no Centro foram diminuindo gradualmente, até que cessaram por completo.

A sua solidão não foi severa, fazia amigos com facilidade, e aos domingos sempre recebia visitas dos "caravaneiros".

Um filho aos noventa anos

Havia um rapaz que fazia pequenos serviços, inclusive para Adelaide. Uma amizade se estabeleceu. Passado algum tempo, sua mãe morreu. Certa feita, ele apareceu na casa de Adelaide e disse:

– Minha mãe morreu, posso chamar a senhora de mãe?

Ao que Adelaide respondeu:

– Mãe, não; Avó.

Mas ele insistiu:

– Eu quero chamar de mãe.

E, aos quase noventa anos, Adelaide passou a ter um filho adotivo

2008

Adelaide está com 93 anos, 27 anos desde a segunda viuvez.

Adelaide com relação à morte tem uma expectativa: encontrar, no além, seus dois maridos, que foram as pessoas que mais amou nessa vida.

As paixões passaram, assim como a carência sexual.

Casa de Adelaide.

Sobraram as memórias, a dedicação recíproca, as lutas, a resignação e a esperança na vida futura.

Seu desejo depois da morte é encontrar-se com seus dois maridos.

No fundo do coração ficaram duas gemas preciosas à afeição, não de dois homens, mas de duas almas, e ela imagina-se, reunindo-se os três num abraço profundo e sincero, todo espírito, todo amor, muito além da carne, como diria o poeta Bittencourt Sampaio:

"Carne, incidente fatal do barro estúpido."

2008 foi o ponto final da encarnação de Adelaide, morreu suave e tranquilamente. Lembro Castro Alves:

Partiu ao cair da tarde, como as gaivotas do rio,

Como o orvalho que sobe, da noite num beijo frio..."

E deixo aqui uma afirmação sua que ouvimos alguns meses antes do seu desencarne.

– Agradeço a Deus, por permitir-me pagar minhas dívidas com alegria.

Em 1968, o Estado de São Paulo legalizou a pensão que os doentes recebiam, pois foram servidores estaduais. Para concessão do benefício, titulada como pagamento por laborterapia, a lei exigia que o internado apresentasse:

- folhas de pagamento onde constassem seu nome;
- o comprovante de ter sido internado por mais de dez anos;
- um requerimento requisitando o benefício.

Neco entrou imediatamente com requerimento bem como inúmeros internados, porém foram passando os meses, os outros internados foram tendo suas pensões deferidas, mas a pensão de Neco não saía.

Na verdade, o seu processo havia sido extraviado.

Isso obrigou Neco a fazer algumas visitas ao diretor do hospital e seu futuro patrono Arnaldo Politti, homem gentil e atencioso com os pacientes:

– Senta aí, Mané. Como está sua pressão? O processo está andando, me informaram que está no departamento tal, mas sempre é bom cutucar um pouco...

Quando o Dr Arnaldo vinha a Sto. Ângelo, Neco ia procurá-lo, porém o Dr. Arnaldo era muito atencioso, assim que o via, vinha ao seu encontro:

– Oi, Mané, a pensão continua caminhando. A última notícia que tenho é que está sendo examinada pelos técnicos no departamento...

Em 14 de março de 1971, no último dia do mandato, o governador Abreu Sodré, que passaria o governo a Laudo Natel, igualmente nomeado pela ditadura militar, assinou a concessão da pensão a Neco e a mais 24 internos.

A comunicação chegaria a Santo Ângelo três dias depois.

A boa notícia seguiu o advento da cegueira com apenas um mês.

O valor era de um salário mínimo, que Neco receberia até sua morte.

Extremamente regrado e econômico, Neco nunca deixou de ter uma reserva e ajudou muita gente, pois sempre sobrava alguma coisa para doar a um necessitado.

Quando Neco entrou no espiritismo, aprendeu que somos eternos estudantes, e dedicou-se mais ainda ao estudo.

No salão de festas, que era coisa fina, havia uma biblioteca; todos os dias vinham os principais jornais de São Paulo e ficavam à disposição para leitura. Neco se inteirava das notícias do dia. A concentração no estudo consumia as horas e evitava ações más; posto que não mais trabalhava profissionalmente.

O RÁDIO

No mesmo ano em que Neco, em virtude da diminuição da visão, não pôde mais ler, foi criada a Rádio Boa Nova, pelas Casas André Luiz, Centro Espírita Nosso Lar, que permitiu que ele continuasse tendo acesso aos ensinos espíritas.

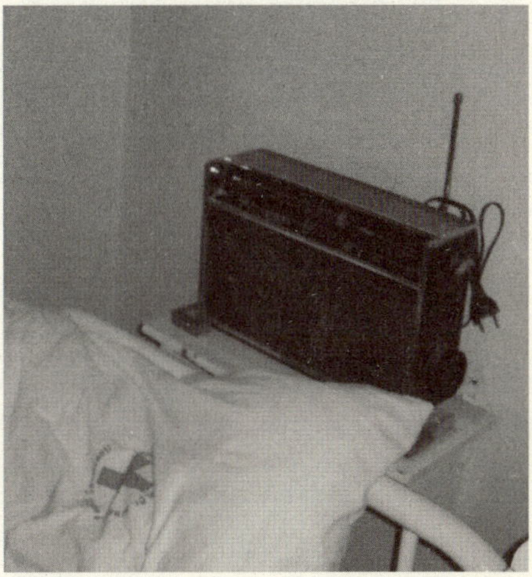

Rádio do Neco, por volta de 2007.

Além da rádio Boa Nova, também assistia a outros programas de fundo cristão, como, por exemplo, o programa presbiteriano do reverendo José Borges.

Procurando seguir os princípios da Doutrina Espírita, Neco entendia aqueles que não possuem o rótulo de espírita, mesmo os opositores da Doutrina Espírita, que por vezes falam coisas que não são razoáveis, mas quando são inteligentes e, sobretudo, partidários do bem, é comum dizerem algo que se aproveite. Esse era o caso do pastor presbiteriano, reverendo José Borges[24], homem de grande cultura e

[24] Reverendo Jose Borges do Santos teve destacada participação na história da Igreja Presbiteriana do Brasil, tendo sido inclusive presidente do Supremo Concílio na década de 50.

inteligência, que mantinha um programa diário na Rádio Bandeirantes, e que Neco raramente perdia.

Um dos ensinamentos dados pelo Reverendo José Borges, que ficou na memória do Neco, nasceu de uma carta que o reverendo recebeu e resolveu responder através do rádio.

A carta enviada por uma ouvinte dizia algo mais ou menos assim:

> "Reverendo Jose Borges, sou sua ouvinte há muitos anos, sempre fui muito religiosa, tinha muita fé em Deus, nesta última semana um ônibus atropelou e matou minha filha de 17 anos, como pode ser isso? Como eu posso ficar carregando esse sofrimento? Como posso continuar com tanta tristeza?"

E a carta prosseguia enumerando queixas e lamentações.

O reverendo respondeu mais ou menos nesses termos, pelo rádio:

> *"A senhora tem razão, mas a senhora não vê diariamente no rádio e na televisão que esses casos dolorosos são comuns, acontecem todo dia? A senhora dizia ser religiosa, ter muita fé, mas a senhora tinha fé e era religiosa enquanto esses fatos dolorosos não aconteceram na sua família; a senhora tinha fé enquanto as dores eram na família dos outros, mas quando a dor foi na sua família, a senhora desmoronou em lamúrias. Então a sua fé, a sua religiosidade, são pequenas. É natural que a senhora ficasse triste, mas a senhora não tinha aquela fé que, face a qualquer coisa que aconteça, reserva o seu pensamento a Deus.*
>
> *A conduta certa, face ao acidente que vitimou sua sobrinha, seria afirmar: 'Agora eu vou lutar mais, porque é agora que estão pondo à prova todos os conhecimentos que aprendi com Jesus'".*

E, unindo seus conhecimentos espíritas ao ensinamento ministrado pelo reverendo, Neco concluiu: "Não é porque fizemos alguma coisinha de forma melhor, que já pagamos tudo; não pagamos não, as provas e as expiações continuarão nos visitando até nosso significativo avanço nos caminhos do bem."

Seu Cunha

Nos estudos de Neco, que não se restringiam às obras espíritas, mas se espraiavam pelo conhecimento em geral, houve uma figura de grande dimensão humana: o seu Cunha.

Seu Cunha era na verdade o nome aportuguesado de um internado italiano, Antônio Cugner, da região do Piemonte, fronteira com a França; em virtude disso, seu Cunha sabia um pouco de francês; havia viajado bastante pelo mundo, inclusive morado na Argentina, depois foi para o norte do Brasil, tendo trabalhado na estrada de ferro Madeira-Mamoré[25], depois se fixou em Guarujá, teve um filho que viria a casar-se com uma Nissei.

Era um homem de estatura média, cabelos pretos. Contraindo a moléstia, foi internado e teve uma perna amputada, passando o dia todo sentado na cama.

Mas, voltando ao tema, seu Cunha gostava mais de ler obras em língua estrangeira do que em Português.

Traduzindo Fénelon

Neco e Catelli conseguiram a obra "Aventuras de Telêmaco", de Fénelon; em seguida a proeza: foram saboreá-la pela leitura, por meio dos olhos e dos conhecimentos do seu Cunha.

O autor de "Aventuras de Telêmaco", Fenélon, bispo católico, nascido no século 17, pensador e educador de grande integridade, participou ativamente da obra de Kardec, transmitindo, como Espírito, inúmeras mensagens, notadamente para O Evangelho segundo o Espiritismo.

O romance narra as aventuras de Telêmaco, filho de Ulisses, rei de Ítaca, casado com Penélope. Ulisses derrota Troia, mas não retorna a Ítaca. Os anos se passam, os nobres de Ítaca pressionam Penélope para casar-se novamente para proporcionar um rei a Ítaca. Telêmaco

[25] Estrada construída pelo empresário norte-americano Percival Farquhar, por volta de 1910, reunindo mais de 20.000 trabalhadores de 50 nacionalidades, no extremo oeste do Brasil. Famosa pela mortalidade provocada por doenças tropicais, em alguns trechos dizia-se que cada dormente custou a vida de um homem.

então sai em busca do pai para salvaguardar a honra da rainha, sua mãe. Minerva, a deusa da sabedoria, o toma sob sua proteção, e transfigurada num velhinho, Mentor, o orienta nas suas buscas, que se estendem por muitos reinos.

Assim, além de conhecerem um pouco a obra do eminente educador francês, poderiam aprender francês.

Mal chegavam, e trocavam os cumprimentos e seu Cunha já perguntava:

– Querem ouvir?

Era um quadro sui gêneris: seu Cunha sentado, lendo, e os dois cegos, Neco e Catelli, ouvindo, comentando e questionando a tradução que ele ia fazendo.

O livro é muito interessante, e deve ter servido de subsídio a Kardec, visto a forte participação de Fénelon na obra do codificador.

No livro, Telêmaco repetia várias vezes a expressão "Je elle etait enjoué", que tem muitos significados: ela era alegre, divertida, jovial... Ficando "empacados" no que Telêmaco queria dizer, Neco e Catelli resolveram comprar um dicionário para dar um apoio extra a seu Cunha e assim os três aprendiam não somente francês, mas também sobre a vida, como, por exemplo, nesse trecho, onde um personagem, Narbal, instrui Telêmaco, a respeito de Pigmaleão, rei dos Fenícios:

> *"Pigmaleão, atormentado por uma sede insaciável de riquezas, se torna mais e mais miserável e odioso aos seus súditos.*
>
> *Persegue os ricos e teme os pobres...*
>
> *Pigmaleão supõe que os bons não poderão sofrer suas injustiças e infâmias; a virtude o condena: ele se torna ácido e irritado contra ela.*
>
> *Tudo o agita, o inquieta, o rói, ele tem medo da própria sombra; ele não dorme à noite, nem durante o dia.*
>
> *Os deuses, para confundi-lo, o sobrecarregam de tesouros que ele não ousa desfrutar.*
>
> *O que ele procura para ser feliz é precisamente o que o impedirá de o ser.*

Ele retoma tudo o que dá; ele sempre teme perder; ele se atormenta por ganhar.

Nós não o vemos nunca próximo; ele é solitário, triste, abatido no fundo de seu palácio! Seus amigos, mesmo, não ousam abordá-lo com medo de lhe parecer suspeitos.

Uma guarda tem sempre suas espadas nuas e suas lanças elevadas ao redor de sua casa;

Trinta quartos se comunicam uns aos outros, e onde algum tem uma porta de ferro com seis grossos parafusos, é justamente nesse que ele se refugia e não sai jamais daquele quarto onde se esconde, e a gente assegura que ele jamais dorme duas noites no mesmo quarto com medo de ser estrangulado.

Ele não conhece os doces prazeres, nem a amizade mais doce.

Se a gente lhe fala de procurar a alegria, ele sente que ela foi para longe dele e que ela se recusa a entrar em seu coração..."[26]

E ficou na memória de Neco, que os ricos, vitimados pela cobiça e avareza, também têm suas cruzes, pois além dos problemas comuns, físicos e familiares que os pobres enfrentam, têm o medo de perder os bens que não desfrutam.

Esse ensino de Fénelon o ajudou a ter consideração pelas pessoas que mandam, que têm mais dinheiro, compreendendo serem pessoas iguais a eles, porém com os problemas aumentados pelo poder, que mais escraviza do que facilita.

Outras façanhas de seu Cunha

Posteriormente acharam uma versão bilíngue de O Livro dos Espíritos, e junto com seu Cunha leram também o livro todo aperfeiçoando um pouco mais o francês.

Seu Cunha também gostava muito de ler livros em italiano o que contribuiu para que o Neco adquirisse rudimentos da língua e o Catelli aperfeiçoasse os conhecimentos de italiano que trazia do berço.

---

[26] "As Aventuras de Telêmaco" Livro terceiro.

Seu Cunha era muito prestativo, era com prazer que atendia ao pedido dos internados cegos, para que lessem para eles; consagrava um pequeno descanso para depois do almoço; comia frugalmente e vez por outra tomava um copo de cerveja, sem excesso; no resto do dia punha-se a disposição de quem necessitasse os seus olhos e a sua boa vontade; não chegou a ser espírita, mas era um simpatizante.

O filho acabou falecendo antes dele e deixando a nora viúva. O seu Cunha passou a dar a sua aposentadoria para a ex-nora viúva; todo mês ela vinha buscar o dinheiro da aposentadoria do ex-sogro. Era uma japonesa muito bonitinha e nova que fazia grande sucesso quando entrava no pavilhão para visitar o seu Cunha.

Legado do seu Cunha

Seu Cunha leu muitas obras para Neco e Catelli, mas a sua vista não era das melhores, necessitava de uma lupa em suas mãos, algo trêmulas, para enxergar as letras; ficou na memória de Neco a sua figura arcada sobre a cama, com a lupa, lendo com imensa boa vontade para seus companheiros de luta.

Ainda nos seus últimos anos aqui na Terra, teve mais uma provação: em virtude de uma queda, um dos braços foi amputado.

Partiria para a vida maior de Espírito purificado e enriquecido pela moeda imperecível da caridade, com mais de oitenta anos de provas e expiações.

Foi um vencedor.

Poema de Virgílio Quáglio[27] *do livro Sementeiras de Luz*

Espera a terra pelo lavrador
e a semente que a venham escolher.
Espera o colibri o abrir da flor
para o néctar depressa vir sorver.

Espera o pombo o tempo para o amor
e o mocho a noite para poder ver.
Espera a noite o sol se recolher
e esperam pelo orvalho o fruto e a flor.

Prudente, espera a sábia natureza
que as leis de Deus se cumpram com firmeza
num ambiente de amor e de confiança.

Cumpramos também nós a lei do tempo
que dá término ao nosso sofrimento
depositando em Deus toda esperança.

Aprendizado

Tornando-se espírita, o mundo em torno de Neco continuou seu curso, mas dentro dele houve grandes mudanças: passou a conhecer as coisas, saber por que acontecem os fatos e em consequência tornou-se mais responsável.

Responsável e valorizando o aprendizado, foi aprendendo cada vez mais, e passou a ver com clareza o que não devia fazer, como por exemplo, num dado dia disse a si mesmo: "Agora eu não brigo mais".

[27] Virgílio Quáglio, hanseniano, fundador do Centro Espírita João Cândido, de Santo Ângelo.

Num outro dia, descobriu a existência dos outros no sentido de lembrar-se dos outros, de suas necessidades, das quais não era responsável por suas necessidades, mas que devia responsabilizar-se também pelas necessidades dos outros, trabalhando por minorá-las; que era uma irresponsabilidade, tendo um pão, não dividi-lo com quem não tinha nada.

Descobriu também que sua principal limitação era ser cego, o que acarretava muitas dificuldades de locomoção, mas fora daí não tinha nenhuma perturbação, mas aqueles que o cercavam muita vez eram mais limitados que ele, tendo necessidades muito maiores.

Um aprendizado igualmente importante: quando, no meio da "rapaziada", na hora da discussão, Neco pensava que a sua opinião era a melhor, a mais acertada, que ele tinha razão; a luz da Doutrina Espírita o fez ver que devia ouvir os outros, que as opiniões dos outros deveriam ser consideradas; por vezes, aqueles que discordavam dele é que estavam certos.

Desde a inauguração da sede própria do Centro, em 1953, grupos espíritas organizavam-se para visitar Santo Ângelo e levar seu apoio.

Essas iniciativas, entretanto, eram espaçadas e sem um programa preestabelecido de visitas.

Essa situação manteve-se até Walter Venâncio entrar em cena.

WALTER VENÂNCIO

Walter Venâncio foi uma figura destacada no movimento espírita.

Atuou muitos anos no Grupo Espírita Dr. Alfredo, na Parada Inglesa, bairro da cidade de São Paulo.

Trabalhava como doutrinador, sendo muito dedicado à tarefa.

Com capacidade de liderança, abria oportunidades de trabalho caritativo.

Tinha em grande conta a visitação, atividade mencionada duas vezes por Jesus, quando da alegoria do juízo final: "Estive preso e fostes me ver", e "Estive doente e me visitastes".

Em virtude de paciente trabalho de relacionamento, Walter Venâncio conseguiu organizar um trabalho de visitação à Penitenciária do Estado de São Paulo, no bairro do Carandiru, na Capital. Nas visitas, eram ministradas aulas e passes aos detentos.

Tendo estabelecido esse primeiro trabalho, Venâncio organizou outro semelhante na Penitenciária Feminina, no mesmo complexo prisional do Carandiru.

Organizaria ainda a visitação a uma terceira prisão, em São Paulo, o Presídio Romão Gomes, que recolhe os policiais militares apenados.

A CARAVANA DA FRATERNIDADE JÉSUS GONÇALVES

Jésus Gonçalves, hanseniano desencarnado em Pirapitingui, dedicado trabalhador espírita, prosseguiu trabalhando no plano espiritual, e por vezes se comunicou por intermédio de Chico Xavier. Em algumas mensagens, pedia o auxílio aos hansenianos.

Transmitiu uma mensagem em que sugeria fossem organizadas visitas aos hospitais que abrigavam ex-hansenianos.

Baseando-se nessas mensagens, Walter Venâncio organizou a "Caravana da Fraternidade Jésus Gonçalves", que atuou inicialmente em Pirapitingui e depois em outros hospitais.

Dinâmico, Walter Venâncio foi a vários Centros Espíritas, incentivando-os a visitar os antigos leprosários; a iniciativa espalhou-se, inicialmente, pela cidade de São Paulo e depois pelo Brasil todo.

Ação das caravanas

Normalmente as caravanas congregando um ou vários centros espíritas visitam Santo Ângelo uma vez por mês, num domingo fixo, organizando-se para que num dado domingo não tenha caravanas em excesso e noutro não tenha nenhuma.

Algumas vão de ônibus, mas a maioria vai de automóvel.

O número varia entre dez e quarenta pessoas.

O auge da visitação ocorreu na década de 1970, a partir de fins da década de 80 passaram a diminuir.

No início também eram muito dedicadas à caridade material, pois era grande o número de internados e famílias da redondeza, pobres.

Algumas caravanas, no entanto, não trazem nada de material, concentrando-se nas visitas.

Com o tempo, as necessidades materiais foram diminuindo e na mesma proporção a caridade material; algumas caravanas se abstiveram dos donativos materiais, concentrando-se nas visitas.

Normalmente chegam, visitam os internos, distribuem bolachas, biscoitos, roupas, aplicam passes em quem pede e depois se reúnem na sede do Centro para uma prece, por volta das 14 horas; às 16 horas, com o encerramento do horário de visitas, vão embora.

É comum apresentarem números artísticos, como cantos, por exemplo.

A grande maioria dos internos gosta muito das caravanas.

Tomando por base o exemplo espírita, outras denominações religiosas também organizaram movimentos semelhantes, mas predomina nessa tarefa o movimento espírita.

Caridade e ignorância

O movimento espírita está ainda distante da religião que o espiritismo ensina. O movimento das caravanas é positivo, porém, por vezes, os visitantes incidem em erros motivados pela ignorância e orgulho, produzindo males.

• Dramatizar a hanseníase

Para valorizar as visitas e sensibilizar doadores, visitantes dão a entender que vão visitar hansenianos, o que não é verdade, os internos foram hansenianos há trinta, quarenta anos. Isso, além de falso, traz uma dose de desumanidade; seria como se dissessem: "você foi clinicamente curado, mas o estigma e o preconceito permanecem".

Na mesma atitude, outros pintam quadros tétricos, mencionando mau cheiro, mutilações, como se os ex-hansenianos fossem "perdendo pedaços" pelo caminho.

Isso leva a aumentar o preconceito e a rejeição social, fazendo com que pessoas que apresentem sintomas escondam a enfermidade, com medo da internação e do estigma, em vez de procurarem tratamento gratuito fornecido pelo estado.

• Ver no interno uma pessoa inferior

O visitante dá, como se desse uma esmola, é dominado por uma compaixão envenenada pelo orgulho, ferindo a dignidade do doente, numa atitude em que o visitante vê o internado como ser inferior e pensa, vaidoso:

"Se tem limitações físicas, é pobre e vive num hospital público é porque tem débitos morais expressivos, curta inteligência, e uma visão acanhada da vida, ao contrário de mim, que sou saudável, tenho algum recurso financeiro e intelectual e consequentemente sou melhor que ele.

• **Desunião**

Se já somos espíritas há alguns anos, se já conseguimos nos modificar um pouco, não podemos mais fazer certas coisas que os não espíritas fazem.

Alguém vai a um Centro para participar, confraternizar, não para impor métodos de trabalho.

Uma caravana entra no Centro, faz lá o seu trabalho e, quando sai, os espíritas de um Centro não falam com os de outro Centro, não se cumprimentam; como se estivessem passando por pessoas estranhas. No entanto, são pessoas que deveriam ser amicíssimas, posto terem a mesma crença, os mesmos ideais. Onde está a fraternidade pregada por Jesus? Deviam ser como familiares, encontrando-se cheios de calor humano e fraternidade, trocando abraços efusivos.

O movimento espírita tem ainda problemas de união; está ainda distante da religião que o espiritismo ensina.

CARIDADE AMOROSA

Felizmente essa pseudocaridade não ocorre frequentemente.

O mais comum são as visitas mais prolongadas, mais amorosas; os visitantes conversam, sentam-se na cama dos internados e estabelecem relações de amizade; recebem com proveito as lições de resignação e bom ânimo que os internados testemunham pelas suas próprias vidas, ao mesmo tempo em que dão um afeto e um respeito sincero, concluindo que as provas são proporcionais aos recursos de cada um, e se essas pessoas foram mais rudemente provadas é porque são mais fortes.

Poema de Virgílio Quáglio[28] *do livro*
Sementeiras de Luz

Nasceu do coração do Criador
uma rainha que não teve trono.
– Vai à Terra cumprir a lei do amor,
diz-lhe o Pai, "e eu serei o teu patrono".

Terás paciência para toda a dor,
carinhos aos que sofrem o abandono.
Darás a quem tem frio o teu calor,
e acolherás a quem tem fome e sono.

"Serás simples, humilde, abnegada:
Chamar-te-ás Caridade, só, mais nada
vai e cumpre do amor tua missão".

– Tantas virtudes não as terei, Pai,
– Nada receies, nada temas, vai,
contigo levarás meu coração.

Oslávia Ramos

Êncio Gaitinha tomou a iniciativa de falar com Dona Oslávia, uma senhora integrante da equipe da Federação Espírita do Estado de São Paulo, que visitava Santo Ângelo, junto com as caravanas organizadas por aquela entidade espírita:

– Dona Oslávia, há aqui muitos doentes pobres e com poucas roupas, no que a senhora poderia ajudar?

[28] Virgílio Quáglio, hanseniano, fundador do Centro Espírita João Cândido, de Santo Ângelo.

– Eu posso fazer uma campanha com os frequentadores da Federação e trazer aqui para vocês.

A partir de junho, ela começava a recolher as roupas e, no final do ano, eram trazidas na visita de Natal.

Houve ano de chegarem seis a sete ônibus com o pessoal da Federação para a visita de Natal, que acontecia normalmente no segundo domingo de dezembro. Por vezes, era tanta roupa, que enchiam o Centro e não havia lugares para as pessoas sentarem; isso levava a começar à distribuição quase de imediato: eram feitas listas de 30 em 30 pessoas, que depois iam ao Centro retirar, até que acabassem as roupas.

Adelaide participava ativamente dessa distribuição.

***

Um detalhe pitoresco: Dona Oslávia solicitava que fossem enviadas a todos os doadores cartas de agradecimento pelo Centro Espírita João Cândido. Essas cartas, em número de sessenta, setenta, geravam um volume considerável de trabalho para o Betcher, secretário do Centro, que possuindo limitações nas mãos e trabalhando profissionalmente, tinha que datilografá-las uma a uma nas suas escassas horas vagas divididas entre a família, pequenos serviços que prestava aos internados cegos ou com problemas de locomoção e as atividades do Centro.

Conquanto esses entraves, Luiz datilografava as cartas com abençoada paciência e bom humor.

Depoimento

Em 1971, havia no centro de São Paulo, uma pequena Casa Espírita denominada Grupo Espírita Samaritanos de Maria.

Um dos seus frequentadores, José Nicolau, passava por uma fase difícil, envolvido em angustiantes problemas sentimentais.

O Grupo Espírita prestava o auxílio possível a José, principalmente na pessoa da dirigente da Casa, Marília, dotada de boa mediunidade intuitiva, praticada com o amparo de sua dedicação a Jesus.

Porém, José prosseguia aos tropeções, em meio a desequilíbrios e perturbações.

Certa feita, José compareceu muito animado ao Grupo Espírita Samaritanos de Maria, dizendo:

– Conheci um senhor chamado Êncio, que me tem dado orientações excelentes; ontem mesmo fui até sua casa e ficamos conversando até as 22 horas. Saí muito confortado e esperançoso; ele tem um conhecimento profundo da Doutrina Espírita... O mais curioso é que ele mora num antigo leprosário, em Mogi das Cruzes, Santo Ângelo, vocês precisam conhecê-lo... Lá no antigo leprosário há também um Centro Espírita...

***

Domingo, 19 de setembro de 1971

Êncio Gaitinha aos vinte anos.

Em pequeno grupo, doze pessoas talvez, acomodadas em três automóveis, chegamos até Santo Ângelo e passamos pela portaria onde somos identificadas.

Alegre e animado, José nos conduz até a casa de Êncio A casa está extremamente limpa e arrumada; isso muito nos surpreende, pois sua esposa Noca é cega. Ambos estão na casa dos sessenta anos.

Eu beijo Noca, a esposa cega, num gesto de ternura.

Êncio fala sobre seu trabalho, conta que no dia anterior houve uma pane no sistema elétrico do hospital e teve que resolvê-la subindo num poste; o que é complicado, dadas suas mãos feridas e atrofiadas.

Anos depois, ficaria sabendo que Êncio era um técnico refinado; vencendo suas limitações, aprendera inglês e importara livros para aperfeiçoar seus conhecimentos de eletricidade; sendo muito respeitado profissionalmente pelos engenheiros da empresa distribuidora de eletricidade.

Eu me surpreendo, e ele, afável, mostra mais uma de suas façanhas, tendo dificuldade em escrever com canetas, usa bastante sua velha máquina de escrever, valendo-se dos dedos enfaixados em curativos.

Pressinto a sua força e autoridade moral, que parcialmente ficam ocultas sobre a afabilidade e informalidade de sua conversa.

Convida-nos a ir até o Centro; no caminho convida outros espíritas, Neco, Catelli...

Entramos, a luz da manhã se coa através dos vitrôs, me parece que são vitrais, pois as luzes parecem coloridas; mas não são. Acho curioso o fenômeno de percepção.

Êncio eleva voz e sentimento em prece:

– Pai nosso, que estás no céu, santificado seja o teu nome...

Já ouvira tantas vezes aquelas palavras, os outros do grupo também, mas me emociono e observo que outros também estão emocionados; fico surpreso, o que provocava aquela emoção? O tom de voz? O recinto? Presença de benfeitores espirituais?...

Êncio comenta sobre as reuniões de materialização que ali se processam e como são importantes:

– O toque nas pessoas, que ocorre nas sessões de materialização são importantes, pois vários são cegos e o tato torna-se um segundo olhar; de outro lado, a carência afetiva é grande, e o fato de ser abraçado e tocado amorosamente pelos Espíritos, os alimenta afetivamente...

Eu reflito: ali naquele pequeno Centro, em meio a meia dúzia de enfermos, a presença de benfeitores fazia-se patente, inclusive com fenômenos de materialização e voz direta; efetivamente os Espíritos maiores e mais elevados, segundo Jesus, privilegiam a modéstia e a simplicidade...

***

Voltaríamos ali algumas vezes. Com a morte de Êncio e outros movimentos da vida, os contatos se romperiam.

Neco e as Caravanas

Neco foi amealhando uma multidão de amigos por meio das caravanas; os visitantes rapidamente descobriram que tinham nele um manancial espírita, manancial não apenas teórico, mas, sobretudo, de vivência dos princípios espíritas. Sua inteligência, cultura e extrema sensibilidade eram encantadoras.

Valorizando o amor e o respeito, esses relacionamentos também eram prazerosos para Neco, que gostava de conhecer pessoas e fazer amizades.

Com prazer, conduzia os visitantes até o Centro, dizia-lhes palavras amáveis, orientava-os quanto à melhor maneira de organizarem suas visitas, profundo conhecedor do hospital e dos internos.

Boa parte dos domingos era dedicada às caravanas.

VISITAR OS DOENTES

No domingo à tarde, Neco e Catelli, faziam as visitas aos homens e mulheres que estavam acamados.

Os dois iniciavam pelos dormitórios dos homens, onde os quartos tinham até quatro doentes. Entravam e conversavam com cada um e entregavam o sanduíche; às vezes, levavam ideias da doutrina, porque os acamados sabiam que eram do Centro; quando o paciente queria conversar, os dois conversavam; quando iniciada a conversa, era feita alguma pergunta, para puxar conversa, como por exemplo:

– Como vai, companheiro?

Se o paciente respondesse com monossílabos:

– Vou Bem!

Tentavam mais uma vez. Caso ocorressem novamente monossílabos, não insistiam, diziam algumas poucas palavras gentis e despediam-se.

Quando a pessoa estava com vontade de conversar, esticavam a conversa. Era comum conversarem sobre futebol, um assunto que a maioria gostava.

ALEGRAR OS TRISTES

O Centro promovia também a festa do Dia das Mães, dirigida às senhoras que estavam acamadas.

No fim do ano, junto com a Caixa Beneficente, o Centro preparava a ceia de Ano Novo.

No mês de Junho, era a festa comemorativa da fundação do Centro que acontecia no domingo mais próximo do dia 16 de junho.

Em setembro, era a comemoração da inauguração da sede.

O Centro também distribuía pequenas importâncias em dinheiro aos internos pobres, bem como eventualmente auxiliava o Centro Espírita Campos Vergal, situado no leprosário Santa Isabel, de Minas Gerais, que era muito pobre.

A PRECE

Neco se apoiava bastante na prece; orava por muitas pessoas, e na oração e nas reflexões encontrava grande consolo, como ele próprio explicou:

– Orar por todo mundo é uma coisa que a gente sabe que todos podemos sempre fazer, quando já temos a compreensão do valor da prece. No meu quarto, me lembro das pessoas internadas e de fora, e procuro vibrar positivamente; também faço minhas preces no Centro, antes de dormir e ao levantar. O modelo é Jesus.

O COPO D'ÁGUA.

Nosso Senhor Jesus Cristo disse certa feita:

"Qualquer que vos der de beber um copo de água em meu nome, em verdade vos digo que não perderá o seu galardão."[29]

Essas tarefas tão singelas são tão valiosas!

Que a simplicidade do Evangelho penetre o nosso coração, e que aprendamos a dar do pouco que temos com alegria.

E nessas pequenas tarefas, que se engrandeciam com a sua repetição ao longo das semanas, meses e anos, Neco foi alicerçando dentro de si mesmo a paz e a alegria.

Construía dentro de si o reino de Jesus, que não vem com aparência exterior, e recebia a ternura imensa dos benfeitores espirituais e de seus companheiros de jornada que iam se transferindo para o mundo espiritual ano após ano.

---

[29] Marcos, 9:41.

Sexta-feira, 25 de setembro de 1970

Cai a tarde, as flores nas árvores e nos jardins, cantam com suas cores o advento de mais uma primavera.

O rosa e o branco das azaleias dão um toque suave às ruas. A visão física de Neco está muito comprometida para ver as flores, porém a sua alma registra um toque feminino, de amor maternal, de romance, no ar.

A estrela vespertina, na verdade o planeta Vênus, surge no céu, lançando sua luz prateada, enquanto os tons amarelos e vermelhos que povoam o céu vão se tornando sucessivamente mais escuros.

Uma brisa fresca varre os campos de Santo Ângelo.

***

Neco sai do seu alojamento no Pavilhão 10 e dirige-se para o Centro; encontra as vozes amigas de Catelli, Candinha, Êncio, Betcher e outros companheiros.

Um automóvel chega de São Paulo, seus faróis já acesos misturam sua luz amarela e focada às demais luzes que povoam a noite que começa. Estaciona em frente ao Centro no pequeno pátio.

Um casal desce, Antônio Feitosa e Bela; já de meia idade, um tanto gordinhos, sorridentes e apressados.

Quase na mesma hora chega de Mogi, em alguns automóveis, um grupo de apoio para a reunião que se realizará em breve.

O ambiente está saturado de afeição e alegria, a própria natureza parece participar.

Perto das 18 horas, todos estão no Centro, as portas são fechadas; Antônio Feitosa é amarrado a uma cadeira no pequeno saguão da biblioteca aos fundos do Centro; colocam lacres de esparadrapo nos pulsos do médium; alguns assinaram os lacres; medidas para afastar suspeitas de fraude.

Em cima da mesa do Centro é colocado um violão e um megafone.

Todos se acomodam nas cadeiras.

Êncio faz a prece inicial; é apenas a repetição do Pai Nosso, ensinado por Nosso Senhor Jesus Cristo; porém as palavras são ditas com emoção e fervor e o sentimento de fé de Êncio toca a todos.

As luzes se apagam; a sala mergulha em completa escuridão; todos estão em silêncio e em prece, procurando criar o melhor ambiente.

Primeira comunicação

Passos se ouvem; uma música suave, tocada ao violão, invade o ambiente, a seguir se ouve a marcha dos marinheiros; depois com delicadeza o violão é depositado no colo de um dos assistentes.

O Espírito que efetua essa parte se identifica como Adri Caramuru, fala um português horrível, dada sua origem indígena. O som é alto em virtude do uso do megafone que utiliza, porém o conteúdo tem profundidade: disserta sobre a passagem do Mar Vermelho pelos israelitas, saindo do Egito, sob a liderança de Moisés referida no Antigo Testamento.

A seguir pede:

– Mantenhamo-nos em prece, pois agora o grupo de Espíritos do Padre Zabeu vai visitar as enfermarias.

E da pequena plateia dos encarnados se viam saindo de cada um, principalmente pelos orifícios do corpo, fluidos esbranquiçados que eram cuidadosamente recolhidos pelos Espíritos presentes em ânforas especiais, que seriam utilizados no alívio dos doentes. Alguns doavam mais, outros doavam menos, mas quase todos os presentes doaram alguma coisa.

E os Espíritos semimaterializados saíram para atender aos enfermos, utilizando os fluidos semimateriais recolhidos.

Passados alguns minutos, manifesta-se Adri Caramuru:

– Ó, Gaitinha! Ó, Catelli! De onde vocês pensam que estou falando, do telhado ou do céu? Eu estou aqui pertinho de vocês. Levante-se, Catelli! Levante-se, Gaitinha!

Os dois levantam-se e sentem que um homem corpulento os abraça; correspondem ao abraço, abraçando também aquele homem; ficam surpresos e emocionados. Os três, abraçados, sentem o calor de uma amizade forte, que vitaliza à semelhança de uma sopa grossa e quente numa noite de frio e cansaço.

– Estão vendo, Catelli e Gaitinha? Eu estou aqui, vocês me abraçaram, não abraçaram?

– Abraçamos...

O momento teve poucas palavras, mas afirmaram tantas coisas àquelas almas: afirmaram a existência de um mundo além da matéria, afirmaram que o acaso não existe, que há um propósito bom em tudo o que acontece; afirmaram a amizade triunfando sobre a morte e os interesses passageiros.

Encerramento

Agora ouvem palavras de encorajamento, ditas em voz mais baixa. Quem se manifesta é um Espírito que se identifica como Atanásio; o som baixo é devido ao Espírito não valer-se do megafone, manifestando diretamente a própria voz.

É feita a prece de encerramento da reunião com as vibrações em auxílio dos que sofrem.

São 20 horas, as luzes são acesas; Feitosa havia sido retirado da biblioteca e estava ainda amarrado e "lacrado" no corredor, no meio do Centro. Sem que fosse feito o mínimo ruído, sem que ninguém percebesse. Misto de brincadeira e prova dos Espíritos que tratavam o pessoal do Centro com muito carinho e bom humor.

Todos querem ouvir o relato do abraço experimentado por Catelli e Êncio "Gaitinha".

O médium é desamarrado, recebe passes e todos se despedem.

***

Os automóveis partem; os fachos dos faróis se assemelham a gigantescas bengalas tateando a escuridão.

Neco volta para seu alojamento, por algum tempo é acompanhado por Catelli e Candinha.

A lua cheia esplende no céu; os três cegos Catelli, Candinha e Neco, não a veem; mas a magia da lua cheia os envolve.

Uma estranha sensação da presença de Deus se firma em suas almas; o abraço, a música ao violão, as vozes dos Espíritos ressoam em suas almas, e continuam a repetir-se dentro de suas almas.

Bendita Doutrina Espírita que traz o céu tão perto de nós.

***

Era uma festa no Centro, inclusive pelo conforto que levavam.

Êncio, "Gaitinha", comentava:

– É muito positivo os Espíritos tocarem os participantes da reunião, pois, sendo cegos, e tendo muito desenvolvidos a audição e o tato, o toque os sensibiliza sobremaneira.

***

Essas reuniões continuariam até alguns meses após a morte do Êncio, em 1976.

Os irmãos de Neco, hansenianos, haviam morrido, um em cada década, sempre no ano terminado em 3: Alberto em 1943, Alda em 1953, Zeca em 1963. A ter sentido essa sequência, Neco deveria morrer em 1973.

Sábado, 9 de junho de 1973

O Doutor Odilon, que dava plantão aos sábados, observou a taxa de 300mg/dL para a glicose, num exame de rotina em Neco, quando o máximo aceitável seria 100mg/dL.

Baseando-se exclusivamente no exame, diagnosticou diabetes e prescreveu dois comprimidos de Diabinese, ao dia, para diminuir a taxa de glicose.

Não teve a preocupação de corroborar o resultado por meio de dados clínicos, solicitando a presença do doente, ou obtendo-os por algum enfermeiro.

Posto isso, o enfermeiro procurou Neco:

– Oi, Neco, você está com diabetes.

– Mas eu não tenho nenhum sintoma novo. Se estou com diabetes então eu sempre tive diabetes; não sinto nada diferente.

– Mas o Doutor Odilon disse que você está diabético e mandou tomar dois comprimidos de Diabinese; um no almoço e outro no jantar.

Neco achou aquilo muito estranho, mas como eram ordens do médico, resolveu tomar.

Domingo, 17 de junho de 1973

Dia de aniversário do Centro, que era sempre comemorado no domingo mais próximo do dia 16 de junho.

Embora o doutor Odilon não prescrevesse nenhuma dieta especial, Neco resolveu despedir-se do açúcar e na festinha do Centro comeu doces e tomou refrigerantes pela "última vez".

Após a festa, suspendeu o açúcar e resolveu por conta própria reduzir o Diabinese a apenas um comprimido por dia.

Quarta-feira, 27 de junho de 1973

Neco abria muito a boca em bocejos sucessivos.

Ao sair do Centro, perguntou ao Catelli:

– Está calor ou está frio?

– Está frio

– Ué, eu estou com a camisa molhada... Deve ser algum problema de pele...

Neco foi com o Catelli até a casa do amigo. Nessa época, Candinha já havia desencarnado. Depois seguiu sozinho até o pavilhão Santista, onde morava.

Ao chegar ao pavilhão, levou um tropeção, mas conseguiu equilibrar-se.

Sexta-feira, 29 de junho de 1973

Às 20 horas, ao saírem do Centro, Neco fez a mesma pergunta a Catelli:

– Está calor ou está frio?

– Está frio.

– Ué, eu estou com a camisa molhada...

Ao chegar ao pavilhão Santista, levou alguns tropeções e perdeu a consciência.

Sábado, 7 de julho de 1973

Neco acordou falando enrolado. O enfermeiro, "Zoinho30", tentou servir-lhe café, mas ele vomitou.

"Zoinho" foi procurar novamente o Doutor Odilon, que dava expediente aos sábados.

– Doutor Odilon, o Manoel Soares dos Santos não está bem, está falando enrolado e tendo vômitos. Acho melhor o senhor ir vê-lo.

– Leve-o ao pavilhão dos acamados – foi a resposta lacônica do Doutor Odilon. E mais uma vez recusou-se a ver o enfermo.

Neco lembrava-se apenas de "Zoinho" o colocando numa cadeira de rodas, depois tudo se apagou.

Às 17 horas, Neco despertou e viu que estava amarrado numa cama.

A enfermeira esclareceu:

– Quando você chegou, estava muito agitado. Ao ser colocado na cama, virou-se de bruços e caiu, aí tivemos que amarrá-lo para evitar que você caísse novamente, pois você não parava de se debater.

Neco, na verdade, acordara lúcido porque não tomara o Diabinese na hora do almoço e o organismo passou a reagir.

Domingo, 1 de julho de 1973

Como não havia médicos de plantão, e como a prescrição era de dois comprimidos de Diabinese por dia, Neco continuou internado, só que voltou a tomar dois comprimidos por dia, como o Doutor Odilon havia prescrito; se apenas um comprimido ao dia provocara todas aquelas reações, imaginemos dois.

Segunda-feira, 2 de julho de 1973

Neco acordou pela madrugada, pedindo socorro e a seguir ficou prostrado, inconsciente, com a respiração típica de estado terminal; a chamada "sororoca".

Catelli, amigo fiel, ficou ali ao seu lado, pois os enfermeiros disseram que o estado dele não era nada bom.

Pela manhã, por volta das 11 horas, chegou o Doutor Agostinho para o seu plantão. Doutor Agostinho era especialista em diabetes.

Tendo conhecimento do caso, solicitou imediatamente um exame para verificar a taxa de glicose. Pouco tempo depois, vinha o resultado: 18mg/mdL, quando o mínimo aceitável é por volta de 70mg/dL. Imediatamente o Doutor Agostinho reagiu dizendo:

– Nossa Senhora! Mais com 3mg/mdL a menos, ele teria morrido já há algumas horas. Deem imediatamente soro glicosado intravenoso, e vão pondo na boca, devagarzinho, suco de laranja e leite bem doce.

Com o tratamento, Neco foi melhorando, a respiração voltando ao normal, a palidez desaparecendo; Catelli passou praticamente o dia ao lado do amigo.

Às 16 horas, Neco despertou bem melhor, conseguindo inclusive ficar de pé. Como era segunda-feira e todos gostavam de futebol, passaram a comentar os resultados do jogo de domingo, o susto havia passado.

Neco não morreu em 1973, e nunca mais apresentou problemas de diabetes; indicando que por algum motivo fortuito o resultado daquele exame estava errado.

***

A sequência numérica dos anos terminados em 3 não se mostrou consistente, evitando que surgisse alguma superstição ligada à numerologia.

***

De outro lado, o próprio Neco afirmava, passados 35 anos do episódio:

– Eu não morri porque Deus não quis, deveria ainda passar por muita coisa, mas há um lado positivo: conheci muita gente "bacana", principalmente das caravanas, o que compensou os problemas que passei.

***

Breve reflexão: muita vez desejamos viagens para conhecer outros lugares; vamos a espetáculos, às vezes caros, enfrentando filas para ver de longe artistas famosos e conhecer as suas produções.

Aprendamos com Neco a desenvolver nosso sentimento estético junto às pessoas. Cada pessoa humana, independentemente de sua aparência física, é um mundo de experiências, de modos de pensar e de sentir, de habilidades; mundo de belezas e mistérios, mundo que vale a pena conhecer.

***

O trabalho, entendido como toda ocupação útil, cria o ambiente ideal para a descoberta dos seres humanos, seja os que cooperam conosco, seja os que auxiliamos, ou aqueles que nos auxiliam.

Reconheçamos, pois, os seres humanos que nos rodeiam, principalmente no campo de serviço, procurando observá-los, descobrindo suas qualidades, para admirá-los e suas necessidades, para auxiliá-los, participando de suas vidas, surpreendendo-nos com suas paisagens interiores, reconhecendo neles obras do Criador tão interessantes quanto uma magnífica cachoeira, uma montanha, um trecho da costa marítima, um entardecer ou amanhecer.

Educando-nos pelo trabalho, teremos na alma de nossos irmãos uma fonte inesgotável de vida e de alimento para nossas próprias almas.

***

Quanto ao Doutor Odilon: é provável que na época o caso de Neco lhe tenha passado despercebido; porém a consciência profunda tudo registra e, depois da morte, já no plano espiritual, terá rememorado o caso; levado o primeiro choque ao descobrir sua ineficiência no trabalho que abraçou, resvalado inclusive pelos sentimentos de culpa...

Com o tempo e melhor compreensão, terá adotado uma atitude positiva, registrando que o trabalho médico, mais do que conhecimentos científicos, exige amor e interesse pelo paciente; posto isso, terá solicitado outras oportunidades ligadas aos trabalhos de saúde, onde em meio a novas provas e sofrimentos pudesse adquirir o amor aos doentes em mais alto grau.

***

Até setembro de 2008, quando esse capítulo foi escrito, Neco jamais voltou a ser internado no Centro Clínico Cirúrgico (CCC).

PARA! MEDITA, IRMÃO.

Poema de Virgílio Quáglio[30] *do livro*
Sementeiras de Luz

Ó tu, homem, que choras e reclamas,
Tu, homem, que só pedes e não dás,
Ó tu, que muito odeias e pouco amas,
E a guerra espalhas ao invés da paz.

Tu, que preferes o calor das chamas
De uma vida sensual, falha e falaz,
Que faze da mentira e do ouro as tramas
Em que prendes, iludes, contumaz

Como um ébrio, vencido pelo vício!
Homem, acorda! Escuta a voz do amor
Que dignifica a vida e afasta a dor

Basta de errar. Procura o sacrifício.
Para! Medita, irmão, sobre uma Cruz,
Na qual e pela qual morreu Jesus.

[30] Virgílio Quáglio, hanseniano,fundador do Centro Espírita João Cândido, de Santo Ângelo.

LAURO SOUZA LIMA[31]

Lauro de Souza Lima, o médico apóstolo, continuou trabalhando arduamente no combate à hanseníase no Brasil.

Mesmo depois de aposentado, prosseguiu em suas atividades científicas, visitando regularmente os Sanatórios, inclusive o Santo Ângelo.

Certa feita, caminhando por uma rua, um outdoor desprendeu-se e caiu, ferindo-lhe a cabeça.

Foi o começo do fim. Poucas semanas após, num domingo, 19 de agosto de 1973, Lauro Souza Lima desencarnou.

Espírito Iluminado, recebido no plano espiritual como um vencedor, Lauro rapidamente se readaptou a nova vida e foi cumprir outras missões designadas por Jesus.

Amilcar del Chiaro, uma das inúmeras crianças que Lauro "adotou", no Sanatório Padre Bento, por ocasião de sua morte, escreveu num emocionado necrológio:

> *"Entre todos os anjos que aportaram em minha vida destaca-se LAURO DE SOUZA LIMA. Ele foi o médico, o amigo, o benfeitor. Ele foi uma melopeia[32] de amor entre os soluços e gemidos. Ele foi a linfa fresca que dessedenta, foi a "água viva" do Evangelho. Ele ignorou as próprias dores para balsamizar as pungentes dores de seus pacientes."*

***

Iluminado, recebido no plano espiritual como um vencedor, Lauro rapidamente se readaptou ao plano maior e foi cumprir outras missões designadas por Jesus.

---

[31] Há inúmeras referências a Lauro de Souza Lima no volume 1, "Buscando a Luz", desta trilogia.

[32] Melopeia: toada, música doce.

Conceição

Com o passar dos anos, Conceição foi se afastando das atividades ligadas aos hansenianos, suas visitas ao leprosário foram diminuindo, em parte porque os doentes também foram diminuindo, em parte porque a política foi tomando um espaço maior em sua vida.

Como o mel também atrai as moscas, colaboradores com más intenções passaram a aproveitar-se de sua popularidade, ela não os rechaçou com a necessária energia e acabou comprometendo-se em leis menos dignas.

Pelos seus muitos méritos, a providência divina afastou-a da vida pública, usando como instrumento uma "cassação dos direitos políticos" efetuada pelos militares em 1973.

Expulsa da vida política, Neco a via, já velhinha, visitando novamente Santo Ângelo, de forma esporádica, com sua mensagem de esperança, recebendo dos internados as costumeiras demonstrações de apreço e gratidão.

Santo Ângelo passa o bastão

Depois de ser o patrono do hospital por quase 60 anos, Santo Ângelo passou o posto para o médico Arnaldo Pezzuti Cavalcanti.

Arnaldo fez jus à homenagem: dedicado, delicado, amigo dos doentes.

Neco jamais esqueceu a atenção e amabilidade do Dr. Arnaldo em todos os encontros que teve com ele, nos anos 70, em virtude dos problemas com sua pensão.

Com a morte de Dr. Arnaldo, o "Sanatório Santo Ângelo" passou a "Hospital Doutor Arnaldo Pezutti Cavalcanti".

A modificação, entretanto, não foi apenas no nome, o hospital passou a ser um hospital geral, deixando de ter o seu foco na hanseníase.

Um companheiro de trabalho

No pavilhão Santista, onde Neco residia, a cada duas salas havia um banheiro. Essa porta do banheiro separava a cama de Neco da cama de outro interno. Em 1974, essa outra cama passou a ser ocupada por Luiz Robacinni.

Luiz Robacinni era um excepcional para menos quanto à capacidade intelectual, mas com a vista, braços e pernas perfeitos, internou-se em meados da década de 40. Descendente de italianos, gostava muito de macarrão. No início, a mãe o visitava; depois, quando esta morreu, a irmã passou a visitá-lo.

Ficava muito tempo no quarto de Neco; por vezes, quando Neco estava conversando com alguém, entrava o Luizinho, começava a falar qualquer coisa, aí parava, dizia alguma coisa para a outra pessoa e depois saía; outras vezes ficava ali escutando a conversa.

***

Era comum almoçar junto com o Neco, e aconteciam cenas como esta:

O almoço foi servido e teve melancia como sobremesa. Neco pergunta:

– O Luizinho almoçou bem? Comeu melancia?

Luiz responde:

– Só deu um! Só deu Um! (Ele quis dizer que só houve um pedaço de melancia de sobremesa).

Neco oferece:

– Você já comeu o seu pedaço, Luiz, você quer o meu pedaço de melancia?

Luiz responde animado:

– "Cê não vai comê ele?" (Você não vai comê-lo?).

Neco explica:

– Não, se quiser pode pegar, mas terá que comer agora, não vai poder guardar na gaveta do criado-mudo, porque o suco de melancia vai molhar a gaveta, você entendeu?

Algumas vezes, Luiz pegava a sobremesa; outras vezes, ia embora sem dizer nada.

***

Neco sempre o tratou com todo respeito, como se ele fosse uma pessoa normal, sempre teve o cuidado de jamais fazer algo que desse a entender ao Luizinho que estava incomodando ou sendo inconveniente; por vezes interrogava-se:

– Será que ele percebe, com toda essa limitação intelectual, o tratamento que eu lhe dou?

Porém Luizinho, embora com o intelecto reduzido, possuía um coração enorme e generoso, e se constituiu em guia de Neco e Catelli.

Caso qualquer um dos dois quisesse ir ao Centro, por exemplo, era só chamar:

– Luizinho, vamos ao Centro.

E lá vinha o Luizinho, alegre e prazeroso, estendo o braço para levá-los. Chegando ao Centro, ficava sentado ao lado de Neco, quietinho esperando a hora de voltar.

Luizinho andava depressa, e às vezes, ao atravessar uma rua, percebia com seu ouvido apurado que vinha vindo um veículo, segurava mais firme no braço de Luiz e atravessavam sem problema. Luizinho era muito cuidadoso com o Neco; ao atravessar uma porta, por exemplo, agia de forma que Neco não batesse o braço no batente. Durante todo o tempo em que serviu de guia para o Neco, nunca se descuidou, de sorte a que Neco desse um "encontrão" num transeunte que viesse em sentido contrário.

***

O Luiz passou a vida toda ouvindo as pessoas chamarem o Neco pelos mais diversos nomes: Mané, Manezinho, Manuel, Mané Português, Neco, etc; mas nunca conseguiu memorizar o seu nome, sempre o chamava de Zé.

***

Por vezes, vinha avisar ao Neco que havia pessoas no Centro Espírita João Cândido:

– Zé, tem gente no Centro, tem gente no Centro...

– Mas quem é Luizinho? É alguém de fora, de alguma caravana, ou são internos do hospital?

– Tem gente no Centro, tem gente no Centro...

A capacidade intelectual reduzida de Luizinho não lhe permitia distinguir se as pessoas eram de dentro do hospital ou visitantes.

Neco levantava-se, pegava no braço do Luizinho e lá iam os dois, saboreando o prazer da amizade que os unia.

– Vamos lá, Luizinho, vamos ver o que está acontecendo.

***

Luizinho gostava muito de música; quando chegava a época das festas juninas, Neco o convidava para ir; ouvindo aquelas canções, ele começava a cantar e não parava mais... Por vezes, ficava no corredor do Pavilhão 10, modulando a voz como um tenor. Quando Neco estava ouvindo música no rádio, ele sentava-se ao lado, não dizia uma palavra e ficava ouvindo também com grande atenção. Terminada a música, ele falava:

– "Munito, né? Munito..." (Bonito, não é? Bonito...).

E Neco perguntava:

– Gostoso?

E Luizinho respondia:

– Sim.

Neco considerava que Luizinho houvera sido um músico de algum talento, mas que infelizmente usara muito mal a sua inteligência, talvez praticando um suicídio, e viera naquela condição limitada do ponto de vista intelectual.

***

Depois de firmado o relacionamento com Luiz Robacinni e, enquanto ele viveu, Neco não teve dificuldade para locomover-se em Santo Ângelo, pois sempre podia contar com as pernas, o olhos e o braço amigo de Luiz.

Junto com seu Cunha, foi um enviado pela misericórdia divina para aliviar as limitações oferecidas pela cegueira; Robacinni cedeu os olhos necessários à caminhada; seu Cunha cedeu os olhos necessários à leitura.

Remador

Rema, rema, remador;
Lenir a dor,
Remir a dor,
Lenir a dor,
Remir a dor...

As costas se curvam,
A cabeça se abaixa,
Os braços se esticam;

As costas se endireitam,
A cabeça se levanta,
Os braços se contraem;
As costas se curvam,
A cabeça se abaixa,
Os braços se esticam;
...

O remo empurra para trás
As águas do rio das lágrimas;
O remo empurra para frente
A canoa do Bem.

Rema, rema, remador;
Lenir a dor,
Remir a dor,
Lenir a dor,
Remir a dor...

Jesus estende seu olhar,
Branco como o luar,
Clareia o rio da vida.
Tudo fica belo e luminoso.

Para traz a fome,
Venha o alimento

Para traz a sede,
Venha a água pura

Para traz o frio,
Venha o agasalho

Para traz a prisão,
Venha a liberdade
Para traz a doença,
Venha a saúde

Para traz a solidão,
Venha a fraternidade.

No remo o remador cansa,
No remo o remador chora,
No remo o remador ora,
No remo o remador alcança…

À frente vai o mentor,
À frente vai o benfeitor
À frente vai o Salvador.

Rema luz,
Rema esperança,
Rema alegria,
Rema fé…

Rema, rema remador
Lenir a dor,
Remir a dor,
Lenir a dor,
Remir a dor…

Depois da morte de Candinha, Catelli passou a morar sozinho, como já foi dito.

Os serviços domésticos eram providos por uma senhora que inclusive cozinhava para ele, ou melhor, para ele e Neco, pois comumente Neco tomava as suas refeições na casa de Catelli.

Perto de 1980, essa senhora faleceu e o Catelli passou a comer em pensão.

Rute

Rute, uma ex-interna, por vezes vinha até Santo Ângelo visitar uma amiga que continuara internada.

Nessas visitas, aproveitava para também rever Catelli e Candinha; após a morte de Candinha, Rute manteve as visitas a Catelli.

Em 1980, sete anos após a morte de Candinha, Rute propôs casamento a Catelli.

Catelli argumentou com a diferença de idade, posto fosse bem mais velho que ela; citou também seus compromissos com o Centro Espírita João Cândido, do qual era presidente.

Rute rebateu os argumentos dizendo que não se importava com a diferença de idade e que desejava participar também das atividades do Centro Espírita, colaborando com Catelli.

Pedindo apoio

Inseguro quanto à decisão, Catelli, estando em seu quarto, quando de uma visita de Neco, procurou o auxílio do amigo:

– Neco eu estou preocupado; tenho um problema e quero falar com você.

Neco, ultrassensível, imaginou de chofre que fosse um problema sentimental e pensou em Antoninha, uma moça bem jovem que lavava a roupa de Catelli desde o tempo de Candinha; mas com o andamento da conversa, entendeu que o problema era Rute; e depois de várias voltas, Catelli expôs com clareza:

– Eu e Rute chegamos a um entendimento e resolvemos nos casar...

Como Neco se mantivesse em silêncio, perguntou:

– Neco, o que você acha?

Neco, respondeu de pronto:

– Eu não acho nada, como é que vou dar conselhos para você, que é mais velho do que eu? E ainda com esse entendimento com a Rute você está mais informado do que eu, você é que tem de resolver, analisar os prós e os contras, você terá que ver se os prós são maiores que os contras e tomar sua decisão.

Catelli tentou estender o assunto:

– Eu falei de nossa idade, mas ela falou que não tinha importância, falou que ia frequentar o Centro...

Neco atalhou com um lacônico:

– Você é quem sabe...

Neco fechou-se e eximiu-se de qualquer opinião, insistindo que a decisão devia ser dele e somente dele, embora intimamente não guardando esperança de que aquele casamento desse certo.

O CASAMENTO

Catelli casou-se em Santo Ângelo, num sábado, e deu uma pequena festa. Neco não compareceu a nenhum dos dois eventos e esclareceu:

– Como eu já usei e abusei de sua casa, quando eu for para o Centro, vou direto; quando você quiser conversar, venha até o pavilhão onde eu estou.

Embora essa posição de Neco, no final da reunião do Centro, na segunda-feira imediata ao casamento, Catelli convidou:

– Vamos até em casa, venha comer um pedaço de bolo...

Neco recusou, mas Catelli insistiu, insistiu e ele acabou cedendo; Rute, solícita e melíflua, ofereceu um pedaço de bolo ao Neco, porém ele não voltaria à casa de Catelli.

Maus sinais

Catelli decidiu não fazer comentários com o Neco a respeito de seu casamento, no entanto, certas coisas eram visíveis.

Rute pediu a Catelli que comprasse um automóvel, para facilitar os deslocamentos, posto que ela dirigia. Catelli atendeu ao pedido e foram algumas vezes até Santos, onde residia a mãe dela; passou depois a viajar sozinha e a sair muito; preparava a comida, deixava-a na geladeira; por vezes era difícil para Catelli esquentá-la. Para Neco, esses eram indícios de que ela não gostava dele, mas guardou suas conclusões para si e não fez nenhum comentário.

Ela utilizava o automóvel para ir ao Centro com o Catelli; num segundo momento, ela passou apenas a levá-lo e buscá-lo; num terceiro, a levá-lo e buscá-lo apenas em dias de chuva.

Certa feita, num dia chuvoso, ela foi buscar o Catelli e ele insistiu em levar o Neco para casa. Ao entrar no automóvel, Rute apresentou ao Neco, Valter[33], que estava ao volante do carro. Valter era irmão da senhora que Rute visitava regularmente.

Neco, ultrassensível, sentiu como se tivesse levado uma porretada na cabeça, num instante o quadro ficou claro para ele. Porém esforçou-se para não dar a perceber a dor que sentia. Naquela noite orou comovidamente pelo amigo.

O desfecho

Cerca de dois anos após o casamento, ao voltar para casa, Catelli encontrou a casa vazia, Rute havia ido embora levando inúmeros objetos e móveis; souberam que ela havia partido com Valter.

[33] Valter, nome fictício para proteger a identidade do personagem que ainda reside em Santo Ângelo.

A ligação entre Rute e Valter durou pouco, alguns anos depois ela desencarnou e Valter voltou a morar com a irmã.

***

Com o afastamento de Rute, Neco voltou a frequentar a casa de Catelli, principalmente para tomar café, posto que, tendo tato nas mãos, era simples para Catelli fazer café.

A LIÇÃO

Todos nós temos as nossas provações no campo sentimental, as boas obras que fazemos nos fortalecem para as provas, porém não as evitam.

Catelli talvez tenha tomado a decisão errada casando-se com Rute, porém suportou bravamente o abandono; o desprendimento ajudou-o a superar a perda dos bens materiais, a humildade tornou mais fácil lidar com as humilhações; a responsabilidade face ao trabalho que Deus lhe confiara o auxiliou a vencer sentimentos de culpa, trabalhando no bem; a dedicação aos necessitados revelou-se como o melhor remédio contra a solidão.

Levou um tropeção, mas continuou a caminhada, com esperança e fé.

Perdoai, meu Pai...

Poema de Virgílio Quáglio[34] *do livro*
Sementeiras de Luz

Jaz mergulhado em noite tempestuosa
este planeta; fala pela voz
do trovão o ódio e, com sua voz ruidosa
brada o raio: Vingança! – logo após.

Vozes do mal, da insinuação maldosa,
que leva os homens a tortura atroz
imergindo-os em sombra tenebrosa,
onde vivem sem Deus, e sempre sós.

Jesus, no entanto, o Puro, o Iluminado,
perseguido até ser crucificado,
por esses homens que na lama jazem,

risca o ódio e escreve Amor e, lá da cruz
envia ao Céu esta oração de Luz:
"Perdoai, meu Pai, não sabem o que fazem."

[34] Virgílio Quáglio, hanseniano, fundador do Centro Espírita João Cândido, de Santo Ângelo.

O AVC

Domingo, 26 de junho de 1986

Prédio do Centro Clínico Cirúrgico (CCC).

Nesse dia foi disputada a final da Copa do Mundo do México, entre Argentina e Alemanha. Embora o Brasil tivesse sido desclassificado nas quartas de final, havia grande expectativa pelos amantes do futebol, posto que Maradona, jogador da Argentina, estava no auge de sua carreira.

Catelli levantou-se como de hábito às cinco horas da manhã, abriu a janela e levantou a tela do quarto e da sala. A seguir, encaminhou-se para o banho.

Neco, seguindo a sua rotina, também levantou bem cedo, tomou o seu banho, o café da manhã e aguardou um amigo, Paulo, para irem juntos ao Centro. Paulo chegou e foram juntos para o Centro às 8h10.

Chegaram ao Centro, Paulo abaixou-se para abrir o portãozinho. Neco, supersensível, achou estranho, o Catelli já devia ter chegado e deixado o portãozinho aberto. Preocupado, indagou:

– A porta do Centro está fechada?

– Sim, responde Paulo.

– É melhor você ir à casa do Catelli, deve ter acontecido alguma coisa – aconselha Neco.

Nesse momento, Dorival Sortino chegou de automóvel. Espírita e empresário de Santo André, ele vinha regularmente um domingo por mês ao Centro. Percebendo alguma coisa estranha, perguntou:

– Neco, o que foi?

– Deve ter acontecido alguma coisa com o Catelli...

– Deixe que eu vou lá ver o que aconteceu... E Sortino saiu com o carro.

***

Vandeca fazia os serviços domésticos para o Catelli e todo dia levava um chá para ele às 7 horas da manhã; porém naquele dia se atrasou e foi levar o chá apenas às 8 horas.

Ao chegar, estranhou que a porta estivesse fechada, pois após o banho, Catelli deixava a porta aberta para que ela entrasse; chamou:

– Catell, Catelli...

Ele não respondeu. Vandeca foi chamar uma vizinha, dona Linda; as duas decidiram que o melhor era Vandeca, que era magra, pular a janela.

Vandeca encontrou Catelli no chão, molhado e inconsciente; o fato de ter ficado mais de duas horas caído no chão e todo molhado, agravaria o quadro.

***

Dorival Sortino volta:

– Neco, o Catelli teve um derrame, ainda cheguei a tempo de colocá-lo numa ambulância.

Naquele dia, Neco não ouviu pelo rádio a final da Copa do Mundo. Sendo domingo, dia de visita, passou a tarde no Centro Clínico Cirúrgico fazendo suas preces ao lado do amigo, praticamente inconsciente.

***

Na verdade, Catelli sofria de pressão alta. Certa feita, foram aferir juntos a pressão arterial. A dele estava em 18 por 10 num braço e 18 por 12 no outro; a de Neco estava em 11 por 7.

Em virtude disso, Catelli foi aconselhado a mudar-se para a enfermaria, sendo imprudente, ele decidiu viver sozinho.

A PARTIDA

Terça-feira, 8 de julho de 1986

Neco faz aniversário nesse dia; depois de trinta anos de convívio não há o abraço de Catelli. Nem o almoço que certamente fariam juntos para comemorar.

São 23 horas, Catelli está deitado no hospital. Apesar da dificuldade em mover o corpo e da respiração opressa, está lúcido.

Pressente a presença de várias pessoas no quarto, tem a intuição de que sejam médicos espirituais; ouve baixinho alguém lhe dizer ao ouvido:

– Mantenha-se em prece agora, para que possamos proceder o seu desligamento do corpo físico, você irá adormecer enquanto ora.

Catelli elevou o pensamento a Jesus, agradecendo pela assistência que recebia nos momentos derradeiros, lembrou-se uma vez mais da sala da pequenina sede do João Cândido onde orara tantas vezes.

A seguir, viu com os "olhos da mente" sua vida passando célere; as cenas da infância, a internação em Santo Ângelo, os tempos de mocidade, o encontro com a Doutrina, o casamento com Candinha, os trabalhos espíritas, as atividades ao lado do Neco, ele caindo no chão frio do banheiro, depois um sono terrível se aproximou e dormiu.

PRIMEIRAS EXPERÊNCIAS

Quarta-feira, 9 de julho de 1986

Quando acordou, eram duas horas da manhã, percebeu que estava sentado no Centro, estranhamente começou a ver vultos. Num primeiro momento pensou que tivesse adormecido na reunião, mas depois se lembrou da estada no hospital, da voz falando ao seu ouvido, do seu desligamento do corpo carnal e finalmente de que estava voltando a ver.

Divisou um vulto, que foi se tornando mais nítido, era um moço de uns trinta anos, que brincou com ele:

– Não reconhece mais os velhos amigos?

Podia ter perdido a prática de ver, mas a voz era inconfundível e respondeu profundamente emocionado:

– Êncio, é você?

Êncio tomou-o pela mão e o levantou da cadeira, dando-lhe um carinhoso e forte abraço.

O choque emocional despertou-o de vez, a visão lhe voltou e viu o Centro lotado de companheiros que vieram recebê-lo; entre todos, chamou sua atenção uma bela mulher, de cabelos levemente grisalhos, aparentando uns quarenta anos.

– Candinha, como você está bonita! – as lágrimas desciam-lhe pelo rosto...

Vários companheiros também choravam de alegria e emoção, e foi abraçando um a um.

Por último, abraçou Virgílio Quáglio. A luz no pequenino Centro Espírita era feérica.

Virgílio Quáglio fez uma sentida prece, agradecendo a Jesus pelo resgate do companheiro.

A seguir partiram todos para o plano espiritual, para completar o refazimento de Catelli e introduzi-lo nos trabalhos do grupo.

Gentileza

Antes de partir, todavia, Catelli pediu que passassem pelos quartos de Neco e Betcher, levando aos companheiros que ficavam suas vibrações de consolo.

***

Como sempre, gentil e educado, não esqueceu o aniversário de Neco. Pelo menos não morrera no dia do aniversário do amigo; auxiliado pelos benfeitores espirituais deu-lhe esse presente.

À PORTA DA VELHICE

A ausência de Catelli foi para Neco uma ausência dolorida, embora a força da fé.

Os vinte anos de trabalho espírita que completou foram mais alegres, mais fáceis, graças à presença constante de Catelli, com sua inteligência, sua cultura e, principalmente, sua fidelidade a Jesus.

Neco estava mais só na carne, muito mais só; a frequência do Centro, que muita vez era apenas de três pessoas, ficou reduzida a duas; o jeito era tocar a instituição com o Betcher.

Porém a velhice se abria para todos: Neco completara sessenta anos; Betcher, dentro de dois meses também faria sessenta anos; Adelaide, em janeiro daquele ano, completara 71 anos; o amigo fiel, Luiz Robacinni continuaria acompanhando-o com a habitual dedicação, embora suas limitações intelectuais e os seus 54 anos.

O hospital também estava se esvaziando e envelhecendo. Cerca de 80% dos pacientes tinha mais de cinquenta anos.

***

Naquela quarta-feira, 9 de julho, ao dirigir-se para o Centro, Luiz Robacinni, na sua grande nuvem de incompreensão, sentiu que Neco segurava o seu braço com mais força.

E seguiram os dois para a reunião, atravessando a noite fria, Neco sentindo igualmente um frio na alma, que era quebrado pela presença decidida de Luiz Robacinni.

Felizmente Betcher compareceu e os três mantiveram os procedimentos de praxe. Com a ausência de Catelli, Neco encarregou-se da doutrinação dos Espíritos em sofrimento.

Sua voz foi mais doce quando falou sobre fé e esperança.

SURGE ET AMBULA[35]

Poema de Virgílio Quáglio[36] do livro
Sementeiras de Luz

Soluça e geme sobre a sepultura
de seus erros, a pobre humanidade!
Às gotas, sorve a taça da amargura,
para, às gotas, solver a sua maldade.

No entanto, numa longa noite escura,
Lázaro viu imensa claridade
banhar sua campa, e ouviu a voz segura
do Mestre que lhe diz com gravidade:

"SURGE ET AMBULA!" E lázaro se ergueu,
e voltou para o mundo em que viveu
livre do sono em que jazia imerso.

Desperta homem do sono espiritual,
e contempla a grandeza celestial,
na grandeza de Deus e do Universo.

---

[35] "Surge et ambula", latim, "Levanta e anda"

[36] Virgílio Quáglio, hanseniano, fundador do Centro Espírita João Cândido, de Santo Ângelo.

Livro 3
O Homem de Bem

Onde o personagem principal finalmente consegue construir no seu coração as virtudes que o tornam um homem de bem.

Após a morte de Catelli, a figura mais importante na vida de Neco, aqui na Terra, foi Luiz Betcher, seu amigo de infância e companheiro de outras encarnações.

BIOGRAFIA

Luiz Betcher

Betcher tinha a mesma idade de Neco, um mês mais novo. Ingressou no Leprosário Santo Ângelo como hanseniano, em 1937 (um mês antes de completar 11 anos), dois anos depois de Neco.

Assim como Neco, foi um órfão de pais vivos, vivendo a infância e a adolescência num hospital-prisão.

Betcher recebeu alta na mesma época de Neco, 1952/1953.

A hanseníase deixou-lhe poucas sequelas: alguns problemas de vista, insensibilidade nas mãos, esterilidade.

Estava livre, não só da enfermidade, mas também para ler, escrever, manusear objetos, comprar e dirigir automóvel, trabalhar, ganhar dinheiro, casar-se…

Estando livre, manteve os compromissos com o Centro e a mediunidade, e adquiriu mais um: casou-se jovem ainda com Odila, ex-hanseniana, quase vinte anos mais velha que ele, também espírita.

***

O tempo passou veloz e o que Betcher mais fazia era trabalhar, trabalhar profissionalmente, trabalhar para o Centro, trabalhar gratuitamente como Procurador de muitos enfermos incapacitados pelas sequelas da hanseníase, como Neco, por exemplo.

Vinte e dois anos depois, em 1974, Betcher estava com 48 anos, Odila a esposa com quase 70; um lar sem filhos nem netos, mais sombrio pelo relacionamento difícil com a mulher que, conquanto espírita, era pessoa amargurada e desencantada da vida.

Nessa época, uma moça, Antônia, 26 anos, mãe solteira de um menino, relativamente bonita, internou-se em Santo Ângelo para tratamento da hanseníase.

Como a doença foi diagnosticada no início, o tratamento durou menos de um ano e Antônia recebeu alta sem nenhuma sequela da doença.

Betcher fraquejou em face da prova e apaixonou-se por Antônia, teve seus sentimentos de pai aflorados pelo filho da mãe solteira; abandonou Odila e uniu-se a Antônia.

Para evitar constrangimentos, mudou-se para o Itaim, um bairro da zona leste de São Paulo.

Dois anos depois, Odila desencarnava. Betcher, viúvo, casou-se com a moça. Antônia fez questão de casar-se na Igreja Católica, Betcher, embora espírita convicto e atuante, cedeu, para não contrariar a esposa.

Depois do casamento, Betcher adquiriu uma casa em Mogi das Cruzes, perto do Santo Ângelo, onde residiria até o seu desencarne.

O TRABALHO

Nesse período todo, foi sempre absolutamente fiel ao Centro, mesmo com todas as peripécias de sua vida sentimental.

Atendia suas funções de secretário, registrando atas e estatutos, atendendo cadastros, taxas e contribuições da prefeitura, estado e união, satisfazendo a emaranhada burocracia brasileira. Conquanto secretário, era, de fato tesoureiro, gerindo com máxima lisura os pequenos recursos financeiros do Centro.

Médium de incorporação, responsável, era assíduo nas reuniões, auxiliando inúmeros Espíritos em sofrimento.

Atendendo à caridade cristã, era procurador de muitos internos cegos ou impossibilitados de locomoção, inclusive do Neco, tomando as providências para recebimento de pensões, declaração de Imposto de Renda, recadastramento nos órgãos previdenciários, etc. Não cobrava por essas atividades.

Mantinha ainda um programa semanal feito em nome do Centro Espírita João Cândido, na rádio de Mogi.

Assim foi a vida de Luiz Betcher: trabalho e mais trabalho, de segunda a segunda, de janeiro a dezembro, dos doze aos 78 anos.

Dirigindo o Centro

Desde 1966, quando iniciara a frequência ao Centro, Neco passara a participar das reuniões para eleição da diretoria, que ocorriam sempre em dezembro. Todos eram candidatos e todos podiam votar em todos; cada um fazendo a sua chapa, como já mencionamos.

Procedia-se a contagem dos votos e o mais votado para cada cargo, era eleito. Luiz Betcher redigia a ata da eleição, os presentes assinavam, vários "a rogo", pois eram cegos; Luiz Betcher providenciava o registro em cartório, os eleitos tomavam posse de imediato.

Durante os vinte anos que Neco frequentara o Centro, Catelli sempre fora eleito presidente.

Com o passar dos anos, Neco passou a ser eleito vice-presidente.

Em 1986, com a morte de Catelli, Neco passou a ocupar a presidência, Betcher permaneceu como secretário.

Os sanduíches

Como já dissemos, Betcher, que possuía automóvel, comprava o queijo, a mortadela e os pãezinhos, Adelaide montava os sanduíches e Neco e Catelli os distribuíam nas suas visitas aos internados.

Com a morte de Catelli, as coisas se complicaram. Neco e Betcher tentaram mantê-la, conseguiram, por alguns poucos meses, mas não foi possível.

Depois de mais de vinte e cinco anos ininterruptos, a atividade foi suspensa; Adelaide aos 71 anos, enfrentava dificuldades para prepará-los e era difícil para Neco distribuí-los.

Doeu chegar o domingo à tarde e não dispor dos sanduíches, porém Neco manteve as visitas aos acamados.

Um velho amigo se aproxima mais

Alguns meses após a morte de Catelli, Betcher se aposentou; tendo mais tempo livre, morando perto do hospital, dispondo de automóvel, pôde tornar-se mais presente na vida do Neco e do Centro, suavizando a ausência de Catelli.

Ia buscar e levar o Neco às reuniões do Centro que ocorriam à tarde. Aos domingos, após o término de seu programa de rádio, voltava para Santo Ângelo e cooperava na recepção das caravanas.

Republicado o *Sementeiras de Luz*

Em 1991, cinquentenário da fundação do Centro Espírita João Cândido, Betcher fez uma edição comemorativa, relançando o "Sementeira de Luz", redigido por Virgílio Quáglio, o fundador do Centro Espírita João Cândido, edição simples feita em copiadora, com apenas 100 exemplares.

Se a tiragem foi pequenina, o amor que Luiz pôs naquela republicação foi muito grande; enriquecendo mais ainda aquelas páginas de luz.

Os exemplares foram distribuídos aos frequentadores, caravanas, etc.

Conquanto sem maior destaque na imprensa espírita, o "Sementeiras de Luz" foi prefaciado por Emmanuel, em mensagem recebida por Francisco Cândido Xavier.

ANTE OS VERSOS DO IRMÃO VIRGÍLIO

Senhor, eis aqui um coração inflamado de luz, cuja dor converteu-se em poema de Amor e Fé!

Abençoa-lhe a sublime inspiração com as flores de tua bênção e que estes versos, Senhor, como estrelas de ternura e serenidade, esperança e consolo ajudem outras almas a transubstanciar o sofrimento num cântico redentor!...

Mestre da Cruz, que fizeste das próprias chagas divinas rosas de perdão e beleza, faze que as rosas nascidas dos espinhos que dilaceraram o irmão Virgílio, aqui se transformem para nós todos, em doce mensagem de luminosa ressurreição!...

EMMANUEL

Psicografado por Francisco Cândido Xavier

Terça-feira, 15 de julho de 1989

Desencarnou nesse dia, numa manhã fria, Conceição Costa Neves, aos 80 anos.

***

Seu currículo é extenso:

- Atriz de comédias sob o nome de Regina Maura 1931-1938.
- Rainha do Baile das Atrizes – 1933.
- Monitora e Samaritana pela Escola da Cruz Vermelha Brasileira.
- Diretora da Cruz Vermelha Brasileira – Filial São Paulo, entre 1940 a 1945.
- Fundou a Associação Brasileira de Assistência ao Doente de Lepra, sendo a sua presidente por cerca de 40 anos.
- Deputada Estadual de 1946 a 1973 quando foi cassada, ocupando diversos cargos.
- Representou o Estado de São Paulo em diversos congressos de leprologia no Brasil, Japão e Inglaterra.
- Escreveu vários livros: Rua sem Fim, Na Esquina do Mundo, Na Praça da Vida...
- Recebeu dezenas de comendas, entre as quais algumas curiosas, como "Amiga Número 1 dos animais" (União Protetora dos Animais).
- Presidente de Honra da Associação Interamericana de Imprensa.
- Sócia Fundadora da AACD, Associação de Assistência a Criança Defeituosa.

***

Poucos anos antes de morrer, escrevia pequena prece: "Aqui estou, Mestre Amado, vim guiada pela sua luz – errei muito, pequei muito, mas, sobretudo amei".

Após breve estadia nos umbrais, para uma melhor purificação do perispírito, foi conduzida aos planos mais altos.

Uma atividade que a acompanhou por quase 50 anos de sua vida teve eco no Evangelho de Jesus:

E o Rei dirá: "Estive doente e fostes me ver."

E os justos dirão: "E quando te vimos enfermo e fomos vê-lo?".

E o Rei responderá: "Na verdade vos digo, e quantas vezes fizestes isso a um desses meus irmãos mais pequeninos, foi a mim que fizestes".

Não abandonou a carne como uma linda borboleta multicolorida, mas amealhou créditos espirituais significativos, pois serviu a muitos e prejudicou a poucos, especialmente a si mesma.

Continuou em seu aperfeiçoamento espiritual e, quem sabe, com mais condições, quando encerrar-se sua próxima encarnação os Espíritos terão a alegria de ver o seu Espírito, pleno de luz, abandonar o invólucro terrestre e alçar aos planos maiores?

Com Betcher sempre próximo de Neco, Luizinho logo ficou também muito apegado a Betcher.

Limitações

Embora a amizade que unia os três, era de notar a imensa limitação intelectual de Luizinho.

Certa feita, uma enfermeira novata foi dar banho em Luizinho. Neco ouvia a enfermeira que o orientava:

– Passe o sabonete no pescoço, agora no peito, passe mais sabonete no bumbum...

Depois daquele primeiro banho, Neco chamou a enfermeira e explicou:

– Quando a senhora for ajudar o Luiz a tomar banho, a senhora deve dizer: "passe o sabonete no pescoço" e, ao mesmo tempo, levar a mão dele até o pescoço, pois ele não tem condições para identificar as diversas partes do corpo, não adianta a senhora dizer simplesmente "passe o sabonete no pescoço", que ele não conseguirá compreendê-la...

Por que me maltratas?

Poema de Virgílio Quáglio[37] *do livro*

Sementeiras de Luz

Ecoou no sinédrio a bofetada
Que Jesus recebeu em plena face,
Como um gemido agudo que clamasse
Contra a rudez daquela mão pesada.

---

[37] Virgílio Quáglio, hanseniano, fundador do Centro Espírita João Cândido, de Santo Ângelo.

Cristo, vencendo a carne revoltada,
Com firmeza impediu se consumasse,
Do ódio com a vingança o negro enlace,
Contrário à sua missão iluminada.

E mostrando a fraqueza da violência,
Ante a serenidade da clemência,
Com estas frases ao ambiente ingratas.

Fez recuar o autor da ação brutal:
"Se fiz o mal, aponta-me esse mal;
Se bem eu fiz, por que tu me maltratas?"

A Icterícia

Luizinho começou a ficar amarelo, os olhos também amarelos, manifestou-se a icterícia.

A hanseníase aparentemente não havia deixado sequelas; porém agora se tornava evidente que o fígado de Luizinho não saíra ileso, após o ataque do bacilo.

Em virtude da doença, Neco resolveu deixá-lo acamado, não o levando ao Centro.

Como de hábito, às 14h15 Betcher veio buscá-lo para ir ao Centro.

– E o Luizinho?

– Está doente, com icterícia, e resolvi deixá-lo na cama dormindo, para que se recupere...

Foram ao Centro e, às 16h15, quando saíam da reunião, depararam-se com o Luizinho próximo ao Centro, sentado embaixo de uma árvore; havia acordado e ido atrás dos dois amigos.

Betcher o reprendeu:

– Luizinho, você não deveria ter vindo. Você está doente e não deve sair do pavilhão.

Carinhosamente, Betcher o pegou pelo braço, acomodou-o em seu fusquinha[38] e o levaram para o hospital.

***

Alguns dias depois, Luizinho saiu de sua cama, dirigiu-se à cama do Neco e sentou-se ao seu lado, como fazia habitualmente. Lá ficou quietinho.

A enfermeira logo veio:

– Sai daí, Luizinho, você não pode...

Neco, redarguiu:

– Não pode por quê?

– Ele está com icterícia, Neco, deve ser hepatite, isso pega...

– Se pegar, eu assumo a responsabilidade. Deixe o rapazinho aí, se tiver que sair da minha cama e voltar para a dele, ele vai ficar triste, porque não vai compreender o motivo. Deixe-o aí; daqui a pouco eu falo com ele e ele vai para a cama dele.

A enfermeira meneou a cabeça e foi embora.

A PARTIDA

Mas Luizinho piorava dia a dia, a barriga cada vez mais inchada. A direção do hospital resolveu removê-lo para um hospital em Mogi.

Neco ouviu a movimentação dos enfermeiros levando o Luizinho:

– Estão me levando, Zé, estão me levando...

***

Neco refletiu dolorosamente: como seria o tratamento de alguém com a dificuldade de expressão de Luizinho, onde os médicos eram, por vezes, autoritários, em face de um paciente incapaz de dizer o que estava sentindo?

[38] Fusca, pequeno automóvel fabricado no Brasil pela VolksWagen.

WALTER

Walter despertou lentamente…

Com os olhos fechados, lembrou-se de forma confusa do sonho que houvera tido: o cenário era um hospital imenso com vários pavilhões, alguns enormes com centenas de pacientes.

E no hospital dirigia-se a outro pequeno edifício, onde se reuniam várias pessoas, na maioria cegos. Entre elas se destacavam dois cegos com óculos escuros, parecidos fisicamente, que sorriam para ele com simpatia.

Depois, tudo se misturava em sua mente.

Mesmo de olhos fechados, um sorriso desenhou-se em seu rosto, os sonhos frequentemente são confusos e incompreensíveis.

Deitado de lado, abriu um pouco os olhos e contemplou os lençóis impecavelmente brancos, de um branco vaporoso e fosforescente.

A mente foi ficando mais lúcida.

Lembrou-se de que, no dia anterior, havia sido conduzido ao departamento de reencarnações. O magnetizador, encarregado de adormecê-lo para o reencarne, havia começado o seu trabalho e ele adormecera.

Algo devia ter dado errado, pois estava novamente em seu quarto; algum problema de última hora deveria ter ocorrido e a sua reentrada na carne devia ter sido postergada.

Moveu a cabeça e deparou-se com Franz sentado numa poltrona próxima à sua cama.

– Até que enfim, você despertou, estava ansioso por vê-lo levantar-se e queria ser o primeiro a abraçá-lo…

– Por que toda essa euforia? Por que toda essa saudade? Ainda ontem nos vimos… Mas vamos lá ao abraço…

Walter levantou-se com a leveza própria dos Espíritos e abraçou Franz.

Sem saber por que, uma enorme emoção tomou conta dele, e chorou copiosamente nos braços do amigo que também chorou.

Franz era como pai para ele; no episódio da sua reencarnação que estava por vir, Franz havia despendido a maior parte de seus créditos espirituais para garantir o projeto.

O QUE ACONTECEU?

Sem saber direito o porquê daquela extraordinária emoção, Walter procurou recompor-se, sentou-se numa poltrona. Franz retomou a sua poltrona no cômodo espaçoso.

Mais sereno, Walter perguntou:

– O que está acontecendo?

Franz respondeu com outra pergunta:

– Que dia é hoje?

– 29 de agosto, sexta-feira.

– De que ano?

– 1930, naturalmente, onde você quer chegar?...

Naquele momento, Walter, como se um relâmpago iluminasse uma noite escura e permitisse vislumbrar a paisagem, rompeu novamente em pranto, dizendo:

– A encarnação já aconteceu, já aconteceu...

E misturava sorrisos em meio ao pranto.

Depois de longos minutos, novamente conseguiu serenar-se, e disse sorrindo:

– Conte-me tudo, estou meio perdido... Comece dizendo que dia é hoje?

– Domingo, 24 de julho de 1994, 64 anos se passaram; É muito tempo para contar tudo, depois você se lembrará do que for relevante. Como temos um compromisso, vou fazer um resumo. Você nasceu, como havia sido planejado, com uma forte limitação mental, numa família italiana. Recebeu o nome de Luiz Robacinni e, além do problema mental, teve hanseníase e passou a maior parte de sua vida num leprosário... E depois de narrar um resumo dos principais acontecimentos da vida de Luizinho, concluiu:

– E, o mais importante, depois de mais de sessenta anos de provações, você se libertou da carne aprovado e purificado. Como uma planta que, tendo podada a copa desenvolve as raízes, da mesma forma, a extrema restrição intelectual fez seu coração desabrochar, povoando-se de luminosos sentimentos nobres.

E após breve pausa:

– Chega de passado, olhos para o futuro; compus uma sonata e vou apresentá-la no "Bosque da Luz" daqui a sessenta minutos. Faço questão da sua presença...

Walter interrompeu-o:

– Apenas mais uma pergunta: e Lúcia?

– Não foi tão bem-sucedida quanto você, mas está de volta e já reequilibrada. Mas chega de conversa, apresse-se...

A FESTA

Às 10 horas daquele domingo de julho de 1994, uma pequena multidão reunia-se no "Bosque da Luz"; eram cerca de sessenta Espíritos, praticamente todos eram familiares a Walter, embora não conseguisse identificá-los.

Todos fizeram questão de abraçá-lo, um especialmente o comoveu até as lágrimas, curioso perguntou:

– Quem é você, de onde eu o conheço?

O Espírito respondeu simplesmente:

– Na Terra fui conhecido como Armando Catelli, fomos companheiros de trabalho por longos anos, depois conversaremos...

Depois se fez silêncio e Franz tomou a palavra:

– Aqui estamos nessa manhã festiva, para comemorar o regresso vitorioso de Walter, que na última encarnação tomou o nome de Luiz

Robacinni; há anos venho compondo essa sonata para saudá-lo no seu regresso, espero que gostem.

A seguir uma pequena orquestra de câmara, composta de uma dezena de músicos, executou a peça composta por Franz, que transmitia a luta, a dor, o amor e encerrava-se num clima de vitória e louvor a Deus.

Todos se comoveram com a peça musical composta por Franz.

A seguir Walter, tomando o violino de um dos músicos, disse:

– Sabem que eu não sou bom com as palavras, mas tenho necessidade de expressar em prece minha gratidão a Deus e também a vocês:

E tomando o violino derramou suas emoções em notas que falavam de alegria, gratidão, esperança, fé, amor e dedicação a Jesus.

E a assembleia prorrogou-se pela tarde.

Na segunda-feira Walter comparecia com Franz num departamento da cidade espiritual para prosseguir com sua readaptação àquele plano, com vistas a novas tarefas que lhe seriam designadas.

Voltando a Santo Ângelo

Depois da partida de Luizinho, Neco não teve mais notícias dele.

Naturalmente não deixava de lembrar-se dele em suas preces diárias.

Passados cerca de dois meses, as irmãs de Luiz Robacinni vieram até Santo Ângelo e foram visitar o Neco.

Neco as recebeu com alegria e, depois dos cumprimentos, perguntou:

– E o Luizinho, vocês tiveram notícia, como ele está, lá em Mogi?

– Há algumas semanas fomos até Mogi visitar nosso irmão, o Luizinho. Os funcionários do hospital nos levaram até uma mesa onde estava o cadáver dele todo coberto de sangue, talvez em virtude de alguma autópsia, ou outro procedimento qualquer, pois os funcionários não entraram em maiores detalhes…

***

Para Neco, Luizinho não foi somente um amigo, mas dentro de suas limitações, foi um benfeitor, que por 15 anos lhe mitigou a solidão e o auxiliou, literalmente, na caminhada terrestre.

Mesmo desconhecendo os fatos ocorridos no plano espiritual, Neco pensa assim:

– Foi um vencedor; nele materializou-se a cena da viúva descrita por Jesus: "deu apenas duas moedas, mas deu tudo o que tinha, mesmo o que lhe faltava, portanto deu mais do que aqueles outros que ofereceram tesouros ao templo". Tendo uma inteligência tão reduzida, utilizou-a para o bem, agindo com correção e caridade, distribuindo as suas duas moedas: vista boa e pernas fortes.

Neco tem hoje imensas saudades de muitos amigos que o acompanharam na vida terrestre, mas quem lhe traz mais saudades é o Luiz Robacinni.

– Munito, não? Munito... Você não acha, Zé?

Luizinho e a Álgebra

Luizinho é um excepcional
Excepcional é quem tem
Algo a mais
Que os demais mortais.

Luizinho é excepcionalmente excepcional
Mais para mais, mais para mais...
Algebricamente os mais se somam,
Num imenso sinal...
O sinal de mais é uma cruz,
Luizinho tem uma cruz enorme.

Luizinho é um excepcional
Excepcional é quem tem
Algo a menos
Que os pequenos.
Luizinho é excepcionalmente excepcional

Menos para menos, menos para menos...
Algebricamente os menos se somam

Menos compreensão
Menos expressão
Menos razão
Um imenso menos

O sinal de menos
É um traço horizontal.

Horizontal como alguém que dorme
Horizontal como um cadáver
Horizontal como um chão vazio
Chão sem gente, sem bicho,
Sem plantação,
Sem edificação...

Luizinho, no entanto,
Criou nova álgebra
Introduzindo seu coração
Na equação.

Sem a cerca da lógica,
Sem a algema da inteligência
O coração de Luizinho cresceu, cresceu,
Em serviço e amor...

Na sua pobreza intelectual
Deu tudo que tinha
Mesmo o que lhe faltava
E seus dois centavos
Aos olhos do Senhor
Foram fazendas, indústrias e bancos

Com a resignação,
A cruz subiu ao céu...

Com o coração puro,
O chão se encheu de gente
E construção...

Luizinho venceu!

DOMINGO DE MANHÃ

Domingo, 17 de Agosto de 1997

Naquele domingo, como habitualmente fizera ao longo dos anos, às sete horas da manhã, Neco sintonizou a Rádio Diário de Mogi das Cruzes.

Uma expressão de funda atenção desenhou-se em seu rosto; o rádio transmitiu uma Ave-Maria orquestrada, e a voz pausada e grave de Betcher se ouviu:

> *"Fé inabalável é aquela que pode encarar a razão face a face em qualquer época da humanidade.*
>
> *Nesse momento, passa a circular mais um número da revista espírita Terceira Revelação, que chega até o vosso lar, distribuída pelas ondas amigas da Rádio Diário.*
>
> *Essa revista circula semanalmente e é editada pelo Centro Espírita João Cândido, contamos na assistência técnica com a colaboração sempre amiga do Rogério.*
>
> *Ano 30, 1997 – ano do cinquentenário da Rádio Diário."*

Novamente alguns segundos de pausa, tendo ao fundo a mesma Ave-Maria.

Betcher apanha suas anotações, onde transcreveu uma mensagem de Emmanuel em letras bem grandes, com 2 cm de altura, para poder lê-la com facilidade, pois sua vista foi piorando ao longo do tempo.

A seguir, lê a mensagem de Emmanuel:

A MENSAGEM

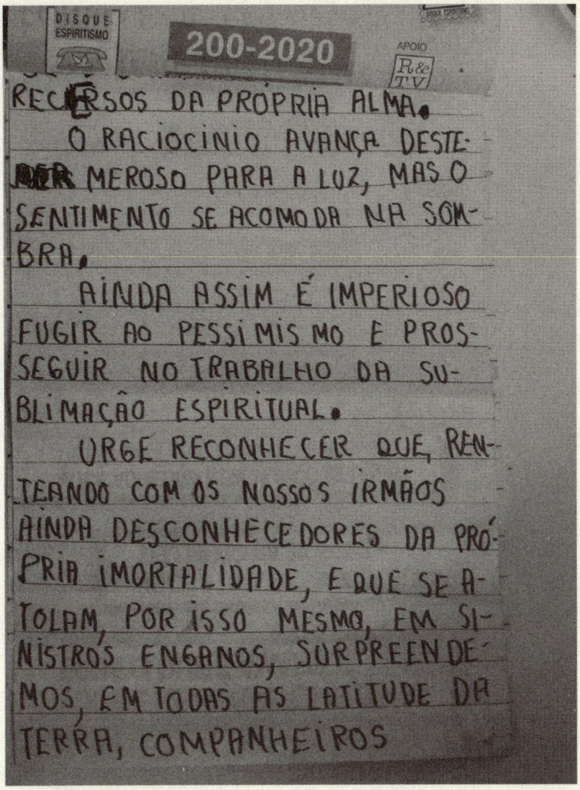
DISQUE ESPIRITISMO 200-2020 APOIO R&TV

RECURSOS DA PRÓPRIA ALMA.
O RACIOCÍNIO AVANÇA DESTE-
MEROSO PARA A LUZ, MAS O
SENTIMENTO SE ACOMODA NA SOM-
BRA.
AINDA ASSIM É IMPERIOSO
FUGIR AO PESSIMISMO E PROS-
SEGUIR NO TRABALHO DA SU-
BLIMAÇÃO ESPIRITUAL.
URGE RECONHECER QUE, REN-
TEANDO COM OS NOSSOS IRMÃOS
AINDA DESCONHECEDORES DA PRÓ-
PRIA IMORTALIDADE, E QUE SE A-
TOLAM, POR ISSO MESMO, EM SI-
NISTROS ENGANOS, SURPREENDE-
MOS, EM TODAS AS LATITUDE DA
TERRA, COMPANHEIROS

Anotações de Becher.

“Males menores

Maldade é sempre treva no coração, que nos cabe evitar a benefício dos outros e em favor de nós mesmos.

Entretanto, nos chamados males da Terra, é indispensável discernir as lições do Senhor nos mínimos ângulos de cada dia, para que lhes percebamos a valiosa função na garantia do bem.

Observemos a natureza.

Quase sempre, a plantação é amparada pelos detritos do campo para atingir a produção desejável.

Para que o leito do rio se não desfaça, atendendo aos requisitos do charco, a dureza da pedra e a secura da areia lhe defendem a segurança.

O minério anônimo, para entrar no campo das formas, não prescinde do fogo que lhe plasma as figurações.

E o próprio pão que regala à mesa é sempre um fruto da bondade da vida, filtrado através de dilacerações incontáveis.

Aprendamos a receber os males menores que nos asseguram paz e triunfo sobre os grandes males do mundo.

Rara percentagem das súplicas que sobem da Terra ao Céu recolhe, de retorno, a assistência precisa na forma imediatista de alegria ou de reconforto.

Quase todas, para alcançar o objetivo a que se propõe, obtêm do Senhor os males menores por resposta providencial e oportuna.

Aqui, é uma enfermidade-socorro que te preserva o Espírito contra o assalto das tentações.

Ali, é um obstáculo-bênção que te impede a adesão à irresponsabilidade e à loucura.

Além, é um amor-ferramenta que te obriga ao sacrifício constante, na sublimação de ti mesmo.

Adiante é uma dificuldade-luz, impelindo-te à comunhão com as Esferas Superiores.

Abençoemos as pequenas aflições e os humildes tropeços da estrada, de vez que a luta bem vivida e o trabalho bem realizado constituem os únicos recursos de ascensão ao verdadeiro bem.

Muitas almas, com os bens aparentes do mundo, compram apenas desilusão e tragédia, amargura e arrependimento, enquanto que muitas outras se elevam diariamente da vida física às culminâncias da Luz, conduzidas pelos supostos males que lhes minavam a passageira existência.

Recordemos a cruz do Cristo... Quando se ergueu, diante dos homens, era humilhação e derrota, mas, aceita com amor e renúncia, converteu-se em caminho de paz e ressurreição."

COMENTÁRIOS

Novamente alguns segundos de pausa com o fundo musical e a voz grave de Betcher volta tecendo alguns comentários:

"Nem sempre somos atendidos em nossas súplicas ao alto da maneira como desejamos; a felicidade e os caminhos que a ela conduzem nem sempre são os caminhos reais, os caminhos verdadeiros, aqueles que podem realmente proporcionar a felicidade merecida.

Dessa forma, em nossos pedidos, em nossas orações, em nossas rogativas, jamais o Senhor deixa sem resposta as nossas súplicas, sejam quais forem, mas dificilmente da maneira como as desejamos, as respostas como as desejamos.

Mesmo porque o "meu reino não é desse mundo" como nos ensinou Jesus.

Não nascemos nessa terra para alcançarmos a felicidade, aqui somos aprendizes dentro de uma escola criada para o nosso crescimento a fim de aprendermos a viver realmente felizes dentro da eternidade, para o sideral onde cresceremos continuamente.

A nossa escolinha na Terra é sempre passageira.

Por isso nos disse Jesus: "o meu reino não é deste mundo", mas seremos felizes sim, no reino do Senhor, aqui apenas buscamos os meios, ou conquistamos os méritos necessários, para alcançarmos a felicidade, a felicidade real; por essa razão, as nossas rogativas pela felicidade terrena nem sempre são atendidas de acordo com os nossos desejos, e sim de acordo com os nossos merecimentos e as nossas reais necessidades."

O texto falado não guardava perfeição do ponto de vista da forma, mas a voz transmitia de forma inegável, serenidade, bondade, resignação e o conteúdo ressaltava a boa qualidade.

Encerramento

Novamente ouviu-se a vinheta:

"Terceira Revelação: o Evangelho de Jesus interpretado em espírito e verdade."

E prosseguiu lendo mensagens espíritas, frequentemente de Emmanuel, psicografadas por Chico Xavier, seguidas de breves comentários.

As 7h15 Betcher fez uma prece e encerrou o programa:

"Fechamos aqui as páginas de nossa edição de hoje, gratos pela gentileza de sua atenção.

Deixamos o convite para um novo programa no próximo domingo, a partir das sete horas.

Que o Senhor nos dê a paz, a paz que todos procuramos, mas que nós saibamos cultivá-la."

Quem ventos semeia

Poema de Virgílio Quáglio[39] do livro
Sementeiras de Luz

Eram lentos teus passos, triste o teu olhar;
Olhavas para o mundo e o mundo não te via,
Brotava o teu suor, o teu sangue vertia,
E a poeira no teu sangue a lama ia formar.

Rude era a cruz que te faziam carregar,
Duro o chicote que as tuas carnes remordia
E tu choravas, pela massa que só ria....
– Ó símbolo do Amor, do Amor que sabe amar.

E assim a estirpe humana, na fronte do Mestre,
Grafou com esse sangue e com esse suor,
Um futuro de luta, cada vez maior.

[39] Virgílio Quáglio, hanseniano, fundador do Centro Espírita João Cândido, de Santo Ângelo.

Hoje, de cruz ao ombro, no globo terrestre,
Suarentos, poentos, gemendo de dor,
Procuramos sedentos a fonte do Amor!

A AUDIÊNCIA

Ventava um pouco, vento frio da manhã, as folhas das árvores farfalhavam.

A singela mensagem atingiu alguns poucos milhares de ouvintes em Mogi das Cruzes, alguns corações vibraram em resposta ao estímulo para o bem.

As palavras do fundador de São Paulo, o culto e humilde Padre Manuel da Nóbrega, hoje utilizando o nome de Emmanuel, mais uma vez se fizeram ouvir por meio da pequena rádio do interior, num horário sem muita audiência, sete horas da manhã de domingo, pela voz de um homem sem títulos intelectuais, que nunca mencionou o próprio nome nos 33 anos que levou as mensagens espíritas aos ouvintes; de 1965 a 1998. Sempre dando os créditos ao Centro Espírita João Cândido.

Tudo muito modesto, tudo muito singelo, tudo como convém à semeadura do Evangelho.

***

O programa de rádio "A Terceira Revelação", transmitido pela Rádio Marabá (e depois Rádio Diário), terminaria quando a Rádio Diário foi vendida.

Não sabemos calcular o impacto que esses 1700 programas, envolvendo alguns milhares de mensagens, tiveram no coração dos ouvintes; mas por mecanismos que desconhecemos, ao meditarmos sobre o programa "Terceira Revelação" se desenha à nossa frente um imenso campo, forrado de florinhas azuis, vermelhas, amarelas, alaranjadas, violetas... E no meio desse campo o sorriso bonachão de Luiz Betcher.

***

Aprendamos a valorizar as pequenas tarefas; aprendamos a persistência e a constância; aprendamos a repetir esses "servicinhos" no bem, por décadas.

Aprendendo o bem modesto, o bem que cabe em nossas inúmeras limitações, teremos o prazer de um dia nos ver caminhando serenos e alegres no jardim florido que nos espera no mais além.

O CENTRO DE JUDIAPEBA

Havia um frequentador do Centro, Fernando Catosi, Chefe de Enfermagem, bastante dedicado à Doutrina Espírita, que residia em Santo Ângelo.

Sua mulher Adelina, enquanto Catosi viveu, jamais foi ao Centro; entretanto, por vezes, lia os livros espíritas de Fernando.

Quando Catosi faleceu, houve uma mudança radical em Adelina: passou a estudar a Doutrina e a fazer reuniões em sua própria casa, em Jundiapeba, bairro que cresceu em volta da estação de estrada de ferro do mesmo nome e que distava cinco quilômetros de Santo Ângelo; a mesma onde, há 50 anos, os pais de Neco desciam para caminharem a pé até o Asylo Colônia.

Betcher passou a frequentar as reuniões de Adelina, após sua aposentadoria e os dois tomaram a decisão de montar um Centro Espírita em Jundiapeba, bairro já populoso.

Adelina tinha uma situação financeira mais confortável que Betcher e conseguiram, ajuntando dinheiro por alguns anos, comprar um terreno para o futuro Centro.

Um determinado dia, Betcher, indo à reunião, encontrou Adelina morta, em virtude de um mal súbito. Ela era a coluna financeira do empreendimento.

Betcher ficou sem saber o que fazer, mas em suas meditações e preces tomou a decisão de continuar o empreendimento sozinho.

Embora a aposentadoria pequena, três dependentes, e as despesas que suas atividades caritativas davam, Betcher foi guardando um pouquinho por mês, para a construção do Centro.

Mineiro

Nesse ínterim, faleceu Dona Linda, esposa de um interno conhecido como Mineiro. Luiz tomou todas as providências para que Mineiro recebesse a pensão referente a Dona Linda, ex-interna e funcionária estadual.

Como já mencionamos, Betcher não cobrava por esses serviços.

Estavam reunidos no Centro Neco e Luiz quando Mineiro chegou, colocou um dinheiro em cima da mesa e disse:

– Isto é para você Betcher...

Luiz respondeu:

– Não, Mineiro, isso é muito...

– Não, não é muito não, você merece...

Depois que Mineiro saiu, Betcher contou o dinheiro e eram Cr$1.000,00.

Luiz tomou então a decisão de usar o dinheiro do Mineiro para iniciar a construção do Centro, em Jundiapeba.

Com o dinheiro do Mineiro e mais suas economias, levantou a estrutura do Centro e a cobriu com uma laje.

O alerta

Em 2002, quando Betcher estava com 76 anos, ficou bastante doente, sentindo muitas dores e muitos acreditavam que ia morrer.

Espalhado o boato, uma pequena multidão passou a fazer preces pedindo a Deus que não o deixasse partir; eram internos de todas as religiões a quem ele servira por décadas, eram vizinhos para quem tinha sido sempre muito prestativo, pois era comum baterem à sua porta inclusive de madrugada pedindo que ele levasse um parente ao hospital, ou uma parturiente à maternidade, ou uma mãe que tivera o filho preso e pedira que ele a acompanhasse até a delegacia, outros a quem ele tinha auxiliado com uma cesta básica ou dinheiro para a compra do gás de cozinha numa emergência.

O certo é que ele acabou melhorando. Porém a vista estava muito ruim, ele não conseguia ler nem com a lupa, por isto tiveram de interromper a leitura da codificação que Betcher realizava a quase 60 anos.

Porém isso tornou claro a Betcher que o fim se aproximava, tomou várias providências, dando instruções precisas aos seus familiares para que na sua morte:

• O filho adotivo assumisse a diretoria do Centro Espírita João Cândido, embora de situação muito modesta (auxiliar de cozinha) tornando-se presidente, pois os frequentadores estavam reduzidos praticamente a ele e ao Neco, e o Neco sem seu apoio não teria como continuar na presidência.

• Pediu ao seu filho que se tornasse procurador do Neco, cego e com muita dificuldade de locomoção.

• Que a esposa, assim que ele morresse, vendesse o terreno destinado ao Centro espírita de Jundiapeba por dez ou doze mil reais, pegasse uma parte para si e resto fosse usado para uma reforma no Centro Espírita João Cândido; que o filho localizasse um pedreiro, e deu instruções detalhadas do que necessitaria ser feito.

***

Em setembro de 2003, participou da festinha do cinquentenário da inauguração da sede do Centro; relembraram emocionados que ele, Betcher, havia participado, em 1953, da festa de inauguração da sede quando o pátio ficou cheio de automóveis, eram cinquenta anos de serviço à Doutrina Espírita.

***

Nesse mesmo ano, passou a frequentar o Centro o sr. Neves, 72 anos, morador de Ferraz de Vasconcelos, cidade próxima de Mogi.

Como Neves enxergasse bem, retomaram a leitura sistemática da codificação.

A PARTIDA

Segunda-feira, 31 de maio de 2004

Como de hábito, foram à tarde ao Centro Betcher, Neco e Neves. Betcher queixou-se que não estava bem.

***

Quarta-feira, 2 de junho de 2004

Neves foi buscar o Neco no Pavilhão Santista, foram até o Centro e Betcher não apareceu.

Após a reunião, Neves convidou Neco para ir até a casa de Betcher ver como ele estava. Neco respondeu:

– Vá sozinho, que é mais rápido...

Neves voltou dizendo que o Betcher havia sido internado no Centro Clínico Cirúrgico.

***

Domingo, 6 de junho de 2004

Nesse dia Neco foi avisado que Betcher havia falecido.

***

Os desejos de Betcher foram cumpridos; a reforma foi muito boa, os tacos de madeira que vinham desde 1953 foram substituídos por piso frio, as cadeiras do Centro, que eram também muito antigas, foram trocadas por novas.

Infelizmente, o sonho de Betcher de montar um Centro Espírita em Jundiapeba não se realizou, mas o seu esforço de tantos anos acabou se revertendo para um Centro Espírita.

REFLETINDO

Analisando a vida de Betcher e comparando com a sua, Neco concluiu que Betcher teve mais possibilidades que ele, tolhido que foi pela cegueira.

Tendo mais possibilidades, Betcher fez mais, mas também errou mais e expiou menos; ele, Neco, fez menos, mas também errou menos e expiou mais; assim cada existência tem suas características próprias; mas tudo certamente equilibrado pela infinita sabedoria e justiça de Deus.

Teria Betcher, morrido em paz? Quem o sabe? Muitos de nós temos problemas íntimos que não revelamos a ninguém.

Mas o certo é que Betcher foi um vencedor. Seu imenso esforço de trabalho, partindo de limitações tão grandes, fez com que entrasse no outro mundo com muitos recursos, recursos da única moeda que vale do lado de lá, a moeda da caridade praticada.

Essa fortuna em caridade lhe garantiu uma boa situação depois da vida. Nessa encarnação do século 20, Betcher subiu vários degraus da escala evolutiva; chegou ao fim? Certamente que não, terá ainda que se aperfeiçoar em muitos outros pontos, mas a etapa foi vencida, e bem vencida.

DANDO NOTÍCIAS

A médium Silvia Liz, recebeu a seguinte carta[40] de Betcher dirigida ao Neco.

Querido amigo Neco!

Se você ainda permanece aí, é porque você está de bom grado. Dignifica o lugar.

Você precisa estar onde merece seu espírito, para que possa planificar novamente tua rota de vida. Falhou, eu bem sei, porque assim também o fiz e precisei, igualmente, estagiar em local árido como este santo planeta.

Duras penas, grande aprendizagem.

Ganha, meu amigo, muitos graus de ascendência nesta escada do Nosso Salvador. Tal é a dificuldade, a mesma é a glória de alcançar o finito

[40] A mensagem, foi recebida em português de portugal, com o tratamento na segunda pessoa, alteramos para o tratamento em você, de mais fácil entendimento para o leitor do Brasil.

peso da dor[41]. *Volta, indefinidamente, a melhorar teu plano. Em futuro próximo, quem sabe, possamos nos encontrar em melhor estágio e transformar o sofrimento em causa de pressentimentos*[42] *honrosos e humanos.*

Sigamos, cada qual, plenos de tarefas, afazeres e compromissos a honrar. Assim poderemos sempre aproveitar de nossos corpos como ferramentas do Mestre.

Que não nos importemos nunca com a qualidade da matéria, mas que sempre sigamos o Mestre para alçarmos voo, em busca de dignificar a nossa alma.

Esteja certo de que aqui[43], *onde me encontro, oro por você, esperançoso de nosso encontro, um dia, sob as vistas de nosso Pai.*

Que o Santo Mestre possa aplainar a sua estrada da abnegação, da caridade, do carinho, que você já é exímio em distribuir.

Que possa fazer de mim seu servo em outra oportunidade redentora.

Que assim seja!

Betcher

30/1/2010

41 Agravo no original.

42 Pressentimentos, presságios no original.

43 Aqui, cá no original.

Marcos

Com a morte de Betcher, dos companheiros que participaram do Centro nos velhos tempos, restava apenas na carne Adelaide, aproximando-se dos 90 anos e que não mais frequentava o Centro.

No entanto, Jesus havia enviado Neves, eram novamente dois, e, como prometeu Jesus, "onde estiverem dois ou mais reunidos em meu nome eu aí estarei".

As reuniões eram feitas com o número mínimo, mas Jesus estava com eles.

A leitura da Codificação de Kardec prosseguiu por meio de Neves, as preces e comentários eram conduzidas por Neco, mas não havia a parte mediúnica, pois nenhum dos dois era médium ostensivo.

Alguns meses após a morte de Betcher, no entanto, passou a frequentar as reuniões Marcos, filho de Fernando Catosi e de Adelina, a mesma que tentara montar um Centro em Jundiapeba. Homem já maduro, pintor de paredes, Marcos era médium de incorporação, e passou a frequentar as reuniões das sextas, com razoável assiduidade, restaurando as atividades mediúnicas do Centro Espírita João Cândido.

A mudança

25 de janeiro de 2005

Após residir por 70 anos no Pavilhão Santista, em 2005, Neco mudou-se para um dos pavilhões Carville, ficando no mesmo quarto utilizado por Virgílio Quáglio 66 anos antes.

A mudança ocorreu em virtude de o Pavilhão Santista entrar em reforma.

Para o mesmo Carville veio Sílvio Bez[44], cuja história interrompemos após o seu casamento em 1945.

Sílvio Bez

Após o casamento, em 1945, Sílvio levou uma vida feliz.

Na intimidade de sua casa, tinha toda a liberdade, esquecendo-se por vezes que estava num hospital de isolamento.

Foi um casamento feliz, baseado no amor.

Com a cura, no início da década de 1950, terminou o isolamento; Sílvio pôde oferecer as macarronadas de fim de semana preparadas por Maria Aparecida, com a presença de irmãos e sobrinhos que trouxeram novas alegrias.

José, o pai, partiu em 1954.

***

Maria Aparecida, a esposa, após a cura, não apresentou nenhuma sequela exterior da doença e continuou a ser uma mulher bonita.

Não tiveram filhos, em virtude das sequelas de Sílvio, mas era um casal feliz e apaixonado.

Terça-feira, 13 de abril de 1965

Sílvio estava próximo de completar vinte anos de casamento, ele e Maria Aparecida estavam na casa dos quarenta anos.

Porém os problemas renais de Maria Aparecida foram se agravando, as taxas de ureia subindo, e ela não resistiu. Naquela terça-feira, ela partiu.

O corpo foi levado para São Roque, para ser sepultado próximo aos familiares de Sílvio.

Esse foi o dia mais triste da vida de Sílvio.

Repentinamente, o filme colorido e simples de sua vida se transformou em preto e branco. Maria Aparecida partiu levando as cores; as

[44] Capítulo Histórias Paralelas do Livro 4 Convivendo com o Sofrimento

alegres tardes de domingo, os quitutes saborosos, o calor humano que excluía a palavra solidão dos seus dias foi-se com ela.

Não mais se casaria; os afetos que experimentara do pai, da mãe, da esposa, elevaram o seu nível de exigência em termos afetivos.

***

Depois de alguns meses, teve de amputar um dos pés.

Maria Lúcia, a mãe, partiria em 1976.

Com o passar dos anos, Sílvio, viúvo, deixou sua casa e transferiu-se para o Pavilhão Santista. Como a casa era sua, fez um acordo com o hospital e teve um quarto amplo só para ele, para onde pôde levar alguns móveis, utensílios e eletroeletrônicos.

***

A partir do ano 2000, foi se solidificando uma sincera e forte amizade entre Neco e Sílvio.

Sílvio ainda teria um grave problema de saúde, um câncer no rosto, que lhe trouxe muitos sofrimentos.

Curioso que o carinho dos seus familiares e principalmente da irmã mais velha, Ana Maria, o acompanhou durante toda a sua vida e ela, embora velhinha, próxima dos noventa anos ainda o visitava, lúcida e amorosa.

***

Voltando ao ponto que deu origem a essa digressão, a mudança de Neco e Sílvio para o edifício Carville fez com que os dois ficassem muito mais próximos e Sílvio, embora não espírita, passou a ser pessoa importante na vida de Neco.

Edison Carneiro

Em 2006, num domingo no começo da noite, apareceu no quarto de Neco, um homem procurando a Noca, esposa do Êncio Gaitinha:

– Meu nome é Edison Carneiro. Conheci o Êncio Gaitinha lá pelos anos 1970. Vim algumas vezes a Santo Ângelo, mas depois que ele morreu, não apareci mais e fiquei com certo problema de consciência, pois acho que deveria ter dado algum apoio à viúva. Hoje, passados trinta anos, resolvi vir aqui e retomar o assunto...

– A Noca já foi para o lado de lá, há alguns meses; não me lembro do senhor...

– Eu também não me lembro de você, lembro-me apenas do Gaitinha, de um cego que era presidente e de outros cegos que frequentavam o Centro, mas não retive os nomes...

– O Centro ainda funciona, as reuniões são as segundas, quartas e sextas às 14h45...

O diálogo continuou por alguns minutos, mas como era fora do horário de visitas, logo o visitante foi embora.

***

Um ano depois, numa quarta-feira, em 2007, estando Neco e Neves no Centro, apareceu para participar da reunião o mesmo Edison Carneiro, acompanhado da esposa e de uma amiga.

Na reunião, a esposa, que era médium, recebeu um Espírito que foi doutrinado e mais um mentor que deu mensagem de consolo e orientação.

Um novo trabalho

Quinta-feira, 23 de Janeiro de 2008

Um semestre depois, estando Neco em seu quarto, Edison Carneiro apareceu e, após os cumprimentos, disse, de maneira um tanto confusa, algo como isso:

– Neco, eu já tenho escrito alguns livros, mas queria escrever um livro fortemente ancorado na realidade e considero que você pode ser o fio condutor e meu parceiro na redação desse livro. Eu virei aqui duas vezes por semana e iremos conversando, fazendo perguntas, gravando tudo o que for falado e, me baseando nisso, irei escrevendo o livro. Será um trabalho útil. Você concorda em ser coautor?

– Sim, eu posso ir dando as informações; há algum tempo dei uma entrevista para o jornal "O Semeador", da Federação Espírita do Estado de São Paulo...

– É..., mas a coisa vai ser bem mais demorada...

***

Por algumas semanas, Edison veio duas vezes por semana. Depois passou a vir apenas uma vez por semana, continuou diminuindo, uma vez a cada três semanas...

Certo dia, começou a ler alguns capítulos que havia escrito, só que escrevia fora da ordem cronológica, lia um texto de 1750, a seguir um de 1980, depois um de 1921, o que tornava um tanto incompreensível a história.

Porém Neco ouvia atenciosamente, fazia reparos, solicitava correções e acrescentava informações.

Edison, por vezes, interrompia o trabalho por meses, alegando problemas de saúde, operação da mulher...

Neco, para animá-lo, dizia:

–Vou orar a Jesus pedindo que o senhor consiga terminar o livro; quando for publicado quero ser um dos primeiros a comprar um volume.

Homenagens

Espaço Manoel dos Santos Soares, prédio hospitalar onde Neco passou os últimos anos de sua vida.

A diretora do hospital resolveu homenagear antigos internados, sensibilizada ela própria, em virtude de alguns de seus ancestrais terem sido também internos.

Uma das ruas do complexo hospitalar recebeu o nome de Êncio Celestino, o Gaitinha.

Concluída a reforma do Pavilhão Santista, resolveu homenagear Sílvio Bez, dando ao Pavilhão seu nome.

Sílvio Bez foi convidado para a cerimônia da entrega do "Espaço Sílvio Bez" ao público, mas não compareceu, magoado com o que achou uma injustiça, pois, em seu entendimento, o pavilhão deveria ser renomeado "Espaço Manuel dos Santos Soares" em homenagem ao Neco, santista, e que ali viveu a maior parte de sua vida.

Passados alguns meses, o pavilhão Carville, passou a chamar-se "Manuel dos Santos Soares", em homenagem ao Neco.

Neco encarou a homenagem com indiferença.

O Centro

O Centro, após a morte de Betcher, acabou ficando com seus fundos, cerca de R$ 5.000, bloqueados pelo Banco Itaú, pois a nova diretoria não cumpriu alguns requisitos legais para liberá-los.

Neco, por meio de amigos, conseguiu que uma advogada de Mogi assumisse a causa para resolver os problemas legais e movimentar a conta; porém a advogada necessitava de alguns documentos, que André, o presidente, não pôde fornecer por falta de tempo.

Aliás, o filho adotivo de Betcher não teve condições de comparecer a praticamente nenhuma reunião do Centro.

Preocupado com o destino do Centro, Neco buscou alguém que o assumisse, falando inclusive com Edison Carneiro.

– Não quero que o Centro feche, o senhor não poderia assumir e revivê-lo?

– O Centro precisa de sangue mais jovem, tem também o problema da distância, moro a quase 80 km do Centro. Para assistir a uma reunião, terei que rodar 160 km. Quem sabe com a publicação do livro surja alguém que se interesse? Em todo caso, vou pensar...

Edison Carneiro procurou uma instituição espírita que congregava inúmeros Centros. Quem sabe tivesse algum Centro próximo de Mogi que pudesse assumir a sede do "João Cândido"?

O diretor da instituição foi explícito:

– Não temos nenhum Centro próximo; na verdade os Centros Espíritas têm que se apoiar em equipes, centralizam o trabalho em poucas pessoas, ou em uma só. Quando essa falta, o Centro fecha...

E foi por aí além.

Edison agradeceu educadamente, mas foi embora refletindo sobre o que Catelli, Neco e Betcher poderiam ter feito para montar a tal equipe...

Voltando a Santo Ângelo, Edison expôs a Neco:

– Além de divulgarmos a história do Centro por intermédio do livro, não tenho outra ideia que possa viabilizar a sua sobrevivência...

Neco não fez nenhum comentário, mas por algum mecanismo desconhecido, Edison sentiu a sua dor, considerando que o Centro também estava chegando ao fim. Uma dor tão profunda, tantas histórias guardava aquela casa, tanta luz de esperança brilhou ali, levando consolo a pessoas em provações tão cruéis...

Se há lugares no mundo que mereçam o título de terem abrigado o "Consolador Prometido" o Centro Espírita João Cândido certamente foi um deles.

Roteiro diário

Quarta-feira, 16 de setembro de 2009

Neco está com 83 anos.

Para o cego, as mãos são seus olhos; pelo tato ele reconhece pessoas e objetos; pelas mãos, através do braile, ele pode ler e escrever. Portanto, um cego com mãos saudáveis é um meio cego, ou melhor, um meio vidente.

Já o Neco é quase um cego completo, pois sendo cego, não dispõe de tato nas mãos. Dizemos quase cego, porque sobrou a audição e também o tato normal no rosto, notadamente nos lábios.

Infelizmente, o único meio de comunicação com o exterior, a audição, está diminuindo. Alguns já se ofereceram para auxiliá-lo por um aparelho de surdez, mas Neco reluta. Além do custo, será uma dependência a mais, pois não dispondo das mãos, não poderá pôr e tirar o aparelho do ouvido, trocar pilhas, etc.

Nessa idade, ele anda com dificuldade. Tudo começou há muitos anos, quando ele machucou o pé num jogo de futebol; com o passar dos anos, foi aumentando a dificuldade de caminhar e, aos 83 anos, essa dificuldade tornou-se expressiva.

O sono

A madrugada vai pelo meio, Neco está deitado, porém desperto, reflete, recorda e frequentemente ora; o sono chega, adormece, daí a uma hora, uma hora e meia acorda, às vezes espontaneamente, às vezes pelo relógio eletrônico na parede, que a cada hora toca uma música e reproduz "badaladas" indicando as horas. Novamente sua mente divaga, o sono curto volta e assim a madrugada vai transcorrendo.

Quando o relógio toca as quatro "badaladas", anunciando as quatro da manhã, Neco fica mais atento, tentando estimar mais ou menos trinta minutos.

Dedica-se então à prece, lembrando-se de seus companheiros de hospital e dos inúmeros amigos e até dos "menos amigos", encarnados e desencarnados, orando por todos.

***

Maria Helena, esposa do Edison, notando que o cobertor do Neco estava um tanto envelhecido, cogitou de dar-lhe um novo, mas Neco não aceitou, ponderando:

– São comuns aqui os pequenos furtos, um cobertor novo pode ser objeto de desejo. É melhor não tentar ninguém...

O Banho

Às 4h30, Neco levanta-se, senta-se na cama, tira a roupa e fica nu, preparando-se para o banho; faz isso no quarto, porque no banheiro seria muito mais difícil.

Tirar a roupa também não é uma operação simples, em virtude das mãos insensíveis e em garra. Para pegar alguma coisa, ele tem que valer-se dos pulsos; seus braços funcionam como um imenso alicate, onde os pulsos são as garras do alicate.

O horário tão cedo é porque nessa hora o hospital está deserto, não causando constrangimento andar nu pelo corredor, e o banheiro estará certamente livre.

Outro motivo para tomar o banho de madrugada é deixar o banheiro livre para aqueles que não conseguem se banhar sozinhos e o fazem com o auxílio de enfermeiros, a partir das oito horas da manhã.

Aos pés da cama tem um sabonete que fica dentro de uma meia. Neco consegue prender o cano da meia com a mão, a seguir gira o braço, de sorte que o cano da meia se enrola na mão e ele consegue fixar o sabonete. Essa técnica foi ensinada há trinta anos por Candinha, esposa de Catelli.

A seguir, ele vai tateando até a porta, abre o trinco, segue tateando a parede por uns 10 metros, no corredor deserto, até o banheiro.

Chegando lá, a primeira coisa que faz é localizar o vaso sanitário; conseguiu disciplinar o seu organismo para defecar uma única vez, antes do banho, pois não tendo mobilidade nos dedos, é-lhe impossível utilizar papel higiênico para limpar-se.

A seguir, consegue virar a torneira do chuveiro, abrindo-a ao máximo; a água jorra e ele põe o rosto e o ombro sob ela para verificar a temperatura. Vai fechando de volta, aos poucos, até acertar a temperatura; isso faz com que passe um pouco de frio.

Neco não gosta de água muito quente.

A esse respeito, costuma dizer sorrindo:

> – Aí eu dou uma de sabido. Vocês não podem tomar banho tão quente; faz mal para a pele, os dermatologistas não cansam de falar? A água muito quente tira todas as gorduras da pele...

Regulada a temperatura, ele entra embaixo do chuveiro, molha-se, depois se ensaboa com o sabonete preso à mão, enxágua-se; está molhado, mas limpinho.

Fecha o chuveiro e volta com muito cuidado para o quarto, pois o chão é liso e ele pode cair, já que seus pés estão molhados. O pavilhão está deserto e não há o temor de atentar contra o pudor.

Raramente alguma enfermeira que esteja acordada, numa noite fria, vem e põe-lhe uma toalha às costas e o ajuda a caminhar até o quarto.

Chegando ao quarto, pega a toalha e enxuga-se.

Vestindo-se

Se alguma enfermeira vem auxiliá-lo a vestir-se, é fácil; se tem que se vestir sozinho, torna-se uma operação complicada. Como não consegue pegar a roupa direito e não sabe a posição da roupa; usa frequentemente os lábios para identificar as partes, para não vestir a calça ou camisa ao contrário, por exemplo.

É comum também que a roupa escape de suas mãos e tenha que começar tudo de novo; é um forte exercício de paciência e bom ânimo;

porém Neco não fica nervoso e vai repetindo a operação inúmeras vezes até conseguir.

Aí espera até as 5 horas, quando um enfermeiro lhe serve um cafezinho.

Estando vestido, deita-se novamente.

Às 6 horas, vem um funcionário e lhe calça as meias, pois essa operação seria impossível por causa da atrofia das mãos.

Curativos

Algumas vezes por semana, o enfermeiro lhe faz curativo nos olhos, lavando-os com água boricada.

Obtendo a comida

A partir de 1992, as refeições do hospital foram terceirizadas e a comida foi ficando cada vez pior.

Em 2006, Neco e Sílvio compraram um fogão em sociedade. Neco arcou com os 50%, pois sempre tem uma pequena reserva e seus gastos são mínimos. O fogão ficou instalado no quarto de Sílvio que é mais amplo.

Solicitaram à gerente da terceirizada e ela autorizou que uma das funcionárias, Dirce, fizesse a comida para os dois, nos seus plantões, gratuitamente, desde que fornecessem os ingredientes.

Dirce vinha uma semana na segunda, quarta e sexta; na outra, terça e quinta; os outros dias eles comiam a comida do hospital.

Posteriormente contrataram outra senhora, mediante pagamento, que faz a comida nos dias de folga da Dirce e assim não se valeram mais do almoço e jantar fornecidos pelo hospital.

Rotina das refeições

As 7h30 são servidos café com leite e um pãozinho.

Com a idade, Neco não consegue mais tomar o leite sem derramar um "pouquinho", molhando o queixo e a roupa; mas felizmente ainda é somente um "pouquinho".

As 11h30 é servido o almoço. Por vezes, Neco consegue utilizar o garfo:

– O garfo quer escapar, mas eu não deixo ele ir embora. Mas às vezes é a auxiliar que me serve; pudim ela tem que me dar na boca...

Esperando Neves

Após o almoço, Neco deita um pouco por cima das cobertas, depois fica na cama sentado, sozinho, esperando o sr. Neves, pois esse dia é quarta-feira, dia de reunião no Centro.

Enquanto espera, ouve rádio, consegue virar o dial, sintonizando suas estações prediletas, especialmente a Rádio Boa Nova.

Pelo rádio, atualiza-se com as notícias locais da região de Mogi e do Alto Tietê, do estado, do país e também com as notícias internacionais.

Em alguns assuntos, tem bons conhecimentos, como por exemplo, o conflito entre palestinos e israelenses, que acompanha há décadas, ou os atos e fatos da política brasileira e estadual.

O sr. Neves já está com quase 80 anos, é hipertenso e diabético, tem que pegar seu carro modesto e vir de Ferraz de Vasconcelos para participar da reunião, o que nem sempre consegue.

Procura avisar se virá ou não, porém, por vezes, não consegue avisar a tempo e Neco fica ali sentado, esperando até perceber que ele não virá.

Antigamente, Neco tomava seu porrete de guatambu e ia sozinho ao Centro, percorrendo os 700 metros com facilidade, mas agora, em virtude do problema no tornozelo, não tem mais condições de ir a pé.

Felizmente hoje o sr. Neves veio. Neco pega no braço do amigo, sobe no fusca amarelo e vão até o Centro.

Reunião

Chegando lá, acomodam-se à mesa; Neco faz a prece inicial. No momento, estão estudando O Livro dos Espíritos, que leem sequencialmente.

O sr. Neves lê:

Visitas espíritas entre pessoas vivas.

413. Do princípio da emancipação da alma durante o sono parece resultar que temos duas existências simultâneas: a do corpo, que nos dá a vida de relação exterior; e a da alma, que nos proporciona a vida de relação oculta. É assim?

"No estado e emancipação, a vida do corpo cede lugar à vida da alma. Mas, a bem dizer, não são duas existências. São, na verdade, duas fases de uma só existência, porque o homem não vive duplamente."

414. Duas pessoas que se conhecem podem visitar-se durante o sono?

"Sim e muitas outras que julgam não se conhecerem reúnem-se e conversam. Podes ter, sem que o suspeites, amigos em outro país. O fato de irdes ver, durante o sono, amigos, parentes, conhecidos e pessoas que vos podem ser úteis é tão frequente, que quase todas as noites fazeis essas visitas."

...

Após a leitura, são feitos os comentários, as "vibrações" pelas pessoas que sofrem e finalmente a prece de encerramento.

O sr. Neves conduz novamente o Neco até seu quarto, conversam um pouco e ele vai embora.

O jantar

As 16h30 é servido o jantar.

As 17h30, deita-se e à noite ainda tem um chazinho.

Durante a noite, Neco não sente fome ou sede.

Neco come frugalmente, como diz:

– Nós comemos para viver e não vivemos para comer.

Não é incomum o Sílvio vir até o quarto do Neco para conversarem. Neco sempre tem assunto: acontecimentos do hospital, lembranças, atualidades...

Sílvio tem a vantagem de enxergar e poder ver televisão, descrevendo imagens e pessoas.

A PRECE

Às 21h30 é hora da prece da noite.

Neco se apoia bastante na prece; ora por muitas pessoas e na oração e nas reflexões encontra grande consolo, como ele próprio explica:

– Orar por todo mundo é uma coisa que a gente sabe que todo mundo sempre pode fazer, quando já tem essa compreensão. A gente fica aqui, lembra das pessoas internas e procurar vibrar positivamente.

ORAI E VIGIAI

Poema de Virgílio Quáglio[45] do livro
Sementeiras de Luz

Se a lágrima fulgir no vosso olhar,
Traduzindo do espírito a tortura;
Se a vida os seus prazeres vos negar,
Concedendo-vos mágoa com fartura;

Se sentirdes a carne fraquejar,
E proclamar que a dor não mais atura;
Se vos é dado unicamente errar,
pela estrada tortuosa da amargura:

[45] Virgílio Quáglio, hanseniano, fundador do Centro Espírita João Cândido, de Santo Ângelo.

VIGIAI E ORAI! Porque é esse o instante,
Que vos libertará talvez, errante,
Sofredor, do castigo do pecado.

ORAI! E entendereis que as vossas dores
São aquelas, aquelas mesmas flores,
Cultivadas num lúgubre passado.

Depoimentos

Para fechar este capítulo, que retrata o dia a dia do Neco, solicitei a algumas pessoas que fizessem um depoimento sobre ele. Duas delas o fizeram.

***

Depoimento de Maria Helena

Maria Helena é médium, oficial da reserva da Polícia Militar do Estado de São Paulo e presidente de um Grupo Espírita.

Neco é um homem de corpo franzino e alma grande, tal e qual seu coração.

É exemplo daquele que pediu a Deus provas duras e difíceis.

Provas de viver apartado da família, de ser discriminado; a prova da doença, da deformação, da cegueira... duríssimos obstáculos. E diante deles teve a racionalidade de compreender e aceitar com resignação e paciência.

Se peço a Deus para reencarnar e passar por determinadas provas, é natural que diante delas eu as aceite, e assim foi, e é, com o Neco.

É infeliz? Não! Vai vivendo conforme a vontade de Deus e livrando-se do peso de seu passado sombrio.

Existem pessoas que, penalizadas, o visitam trazendo bolachas e oração, mas Neco é como um pequenino córrego que com a força de suas águas, passando sobre as pedras, segue em frente.

Devo a ele essa lição.

***

Depoimento de Silvia Liz

Silvia Liz, médium e jornalista, deu o seguinte depoimento:

Conheci pessoas soberbas, outras nem tanto... Umas queriam mostrar seus dotes, outras nem tanto... Mas, para mim, sempre foi muito difícil distinguir umas das outras, a ponto de ter de relaxar minha capacidade de julgamento, o que foi, diga-se de passagem, muito aproveitável para minha existência. Abstraio-me, portanto.

Então, certo dia, conheci o Neco. Impressionei-me. Seus bens: um rádio a pilha. Seu dote: a fala, porque os olhos físicos foram arrebatados. A lepra tirou-lhe a visão. Desenvolve, então, o privilégio de sentir...

Para mim, que jamais poderei esquecer aquele quarto de hospital, era um grande encontro. Marcou-me saber de sua compreensão da vida, de sabê-lo agradecido por tudo: pelo ar que respira, pelas roupas simples que veste, pelas marcas que a hanseníase deixou em suas mãos. Mas a ele nada falta... É completo, um ser humano essencial, que vive sua plenitude, que tem a graça no viver. Sempre encontra uma razão para tudo, e um motivo para agradecer pela vida, pela simplicidade dessa existência, e também pelas dificuldades.

Estar na presença de Neco muda tudo: nossa aceitação pelos fatos da vida, o alcance da humildade e, acima de tudo, do que seja simplicidade. Vi e senti, nesse dia, o que é ser um homem rico. Ele tem tudo... dentro de si. É o próprio mundo, integrado, uno, presente.

Arrisco-me, constrangida, a reconhecer que é isso o que consiste vivenciar verdadeiramente nossa centelha divina. Pois o Neco assim o faz, assumidamente, e com muito brilho.

Este sim é, de fato, o homem mais rico que já conheci...

O governo Lula (2002/2010), procurando resgatar as dívidas do país com algumas minorias, tomou uma série de medidas visando indenizar essas minorias que foram lesadas pelo Estado, no passado. Os hansenianos internados compulsoriamente foram incluídos nessas medidas e, em 2007, foi aprovada a lei 11.520 em sequência a medidas provisórias que tratavam do mesmo assunto, concedendo uma pensão de R$750,00, reajustável anualmente e devida a partir de maio de 2007.

Em virtude de esses valores somente serem liberados em 2009, Neco recebeu pouco mais de R$ 20 mil de atrasados, e sua renda mensal subiu de um salário mínimo para três salários mínimos.

Se conseguia guardar alguma coisa ganhando apenas um salário, imagine ganhando três, e houve ainda os R$ 20 mil acumulados.

INVESTINDO

Como não necessitasse de mais coisas para viver, devido à extrema simplicidade que conseguiu desenvolver, e estando absolutamente despido de qualquer avareza ou cobiça, seguiu a seguinte linha de raciocínio:

Inicialmente, devia pensar em sua família, mas quem eram seus familiares? Não eram certamente seus parentes carnais, que não via há mais de quarenta anos.

Lembrou-se da inesquecível pergunta de Jesus: "Quem é meu pai, minha mãe e meus irmãos?"

Veio-lhe à mente os seus companheiros internados no hospital, mas refletiu a seguir: "eles também estão recebendo a mesma importância e não estão precisando".

A RÁDIO BOA NOVA

Desde 1970, ouvia a Rádio Boa Nova, ligada ao Centro Espírita Nosso Lar e às Casas André Luiz, recebendo suas notícias e seus programas informativos relacionados à Doutrina Espírita.

Duas vezes por ano, contribuía com uma pequena importância, retirada de suas economias. Agora, tendo mais, poderia dar mais. Doou R$ 5.000 para a rádio Boa Nova.

O CENTRO

Neco procurou Marcos, o médium que frequenta às sextas:

– Eu recebi um dinheiro. Você é pintor, não quer providenciar uma reforma no Centro?

Marcos acolheu com entusiasmo a proposta, pintou o Centro, consertou a passarela que leva até ele, e ficou muito bom, posto que por ocasião da morte de Betcher, a sede tinha passado por uma boa reforma.

Neco gastou mais R$ 2.400,00 de materiais para bancar a reforma.

E desse fato surgiu uma ideia brilhante: por que não oferecer a liderança do Centro a Marcos, com ele, inclusive assumindo a presidência?

Marcos é cinquentão, funcionário do hospital, não está distante da aposentadoria, mora na região, é espírita desde o berço... e médium.

Com expressão de alegria e determinação, Neco diz:

– Com essa reforma, a sede aguenta mais 10 anos. Se Marcos aceitar a presidência, teremos mais uns bons anos de sobrevivência para o Centro.

A SURDEZ

Com dinheiro e energias novas, Neco resolveu enfrentar a surdez.

Com o auxílio de Neves, procurou um fonoaudiólogo, fez a audiometria, foi a uma loja e comprou um aparelho para surdez, gastando R$ 2.000; curiosamente, da mesma marca do usado por Edison.

Indo à reunião do Centro, passados tantos anos, pôde dizer:

– Estou novamente ouvindo o barulho do ventilador...

A COMIDA

Como o Sílvio também recebeu o dinheiro de "Lula" resolveram fazer uma renovação na copa, comprando fogão e geladeira novos e objetos de cozinha.

Dadas algumas dificuldades em valer-se da mão de obra do hospital para cozinhar, contrataram Joana, uma senhora que trabalhava como faxineira e que se aposentara com um salário mínimo, e passava por dificuldades.

Contrataram-na pagando R$ 440,00 por mês para que fizesse a comida para os dois, de segunda a sexta. Joana passou então a ter cerca de R$ 900 de renda mensal, sendo ainda pobre, mas levando uma vida mais digna.

O QUE SOBROU

Embora toda a "gastança" mencionada acima e outros gastos que prefere manter em sigilo, Neco ainda ficou com R$ 7.000.

Ele não esqueceu de oferecer também auxílio a Edison:

– Se o senhor precisar de dinheiro para publicar o livro que estamos escrevendo, eu posso contribuir.

Mas essa contribuição financeira não foi necessária, pois a Editora Aliança arcou com todos os custos.

***

Neco, doando a maior parte do dinheiro que recebeu, o fez com alegria, pois como informa Paulo "o Pai ama aquele que dá com alegria".

***

Caso estivéssemos na mesma situação, talvez reservássemos pequena parte para doar, e ficássemos em discussões intermináveis sobre a lisura e a utilidade das várias instituições.

Ele, ao contrário, foi rápido, simples, integral.

***

E passou com facilidade em mais essa prova; ele cujos bens se resumem em:

- 50% de um fogão, de uma geladeira e de alguns objetos de cozinha.
- Um rádio bastante antigo.
- Um cobertor.
- Algumas poucas mudas de roupa.
- Um aparelho de surdez.

Doou mais do que possuía, lembrando a lição da viúva do templo, mencionada por Jesus.

Por isso que ele é feliz, porque não mais as garras da posse, da vaidade ou da cobiça estão asfixiando o seu coração.

Sigamos o seu exemplo.

Sábado, 30 de janeiro de 2010

Neco e Edison conversam na tarde de sábado.

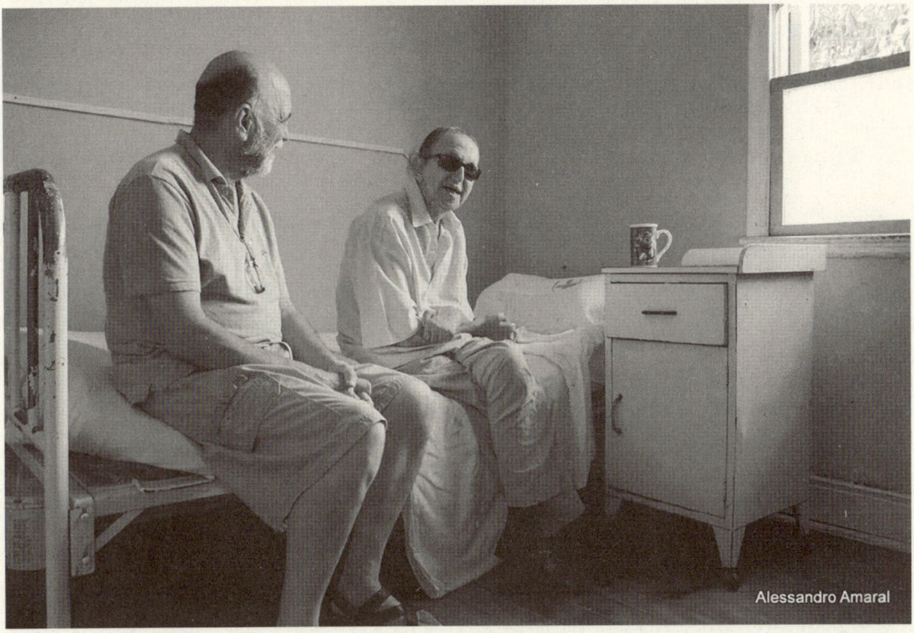

Neco e Edison conversando no quarto de Neco

A SAÚDE

Neco é bastante saudável, após o episódio de 1973, quando foi internado, por erro médico proveniente do diagnóstico equivocado de diabetes, não mais foi internado nestes 37 anos. Ele relembra:

– A minha saúde foi beneficiada por nunca ter fumado, nem bebido pinga; bebo algum vinho, muito de vez em quando, dá aquele formigueiro na boca, mas não dá nenhuma perturbação mental.

A MORTE

– Neco, nessa altura de sua jornada aqui na Terra, como você vê a sua vida e quais são suas expectativas em face da morte? – pergunta Edison.

– Na minha vida, se não fiz nada de extraordinário no sentido positivo, também não fiz muita coisa para merecer ficar trinta anos sem enxergar. Por que perdi a visão? Não me lembro de ter procurado ver coisas que não interessavam, nunca fiz coisas tão graves; a cegueira não pode ser devida a essa encarnação, consequentemente deve ter sua causa nas encarnações passadas.

Mas a cegueira não me impediu de continuar andando e fazendo aquelas coisas às quais eu me dedicava, principalmente junto com o Catelli com quem fiz uma boa dupla nas décadas de 1960 a 1980, visitando as pessoas, semanalmente. Apenas no Pavilhão Santista, visitávamos 72 acamados levando sanduíches, visitávamos também cerca de sessenta mulheres acamadas...

Depois da morte, as pessoas que eu mais gostaria de reencontrar são o Luizinho Robacinni, Catelli, Mielli, Êncio Gaitinha e muitos outros amigos... Sinto uma saudade imensa do Luizinho. Ah, que saudade eu sinto do Luizinho...

Não faz muito tempo que o Êncio Gaitinha deu uma mensagem por meio de uma médium, em Mogi, mandou falar que continua por aí e fazendo o que pode por nós. Quem trouxe a mensagem foi o marido da médium, que é funcionário do hospital, e eu acreditei piamente...

Na década de 70, eu passei a receber a pensão de um salário mínimo. Como eu não fumava, podia economizar, porque o espírita tem que fazer alguma coisa. No fim do mês sempre sobrava um dinheirinho e eu o distribuía para três senhoras acamadas; elas ficavam muito contentes.

Entre elas havia uma senhora, Olga Helau, descendente de sírios libaneses, ou seria melhor dizer sírias libanesas? Bem não importa. Ah quando eu me lembro, como eu fico feliz; com que alegria ela recebia aquele dinheirinho; ah, que sorriso ela dava e que agradecimento... Quando eu passar para o "lado de lá", eu tenho esperança de que, se ela estiver por lá e trabalhando, ela irá me ajudar...

***

A conversa com Neco prosseguiu pela tarde de sábado, a chuva de verão havia passado, a tarde estava luminosa, o futuro era promissor...

Livro 4
Anos finais

Onde o personagem principal corta as amarras e desfere o voo.

Meados de abril

Neco passa a ter dificuldades para defecar, as fezes são poucas e por vezes em forma líquida.

Consultando o médico, Dr. Orlando, que o atendia há mais de dez anos, ele recomendou uma tomografia que deveria ser feita em São Paulo. Neco sairia de Mogi às 5 horas da madrugada.

Neco foi peremptório:

– O senhor não me manda para fora que eu não vou. Nem pensar que eu não vou. Eu tenho 84 anos, como já falei para o senhor, sempre fui ruim para viajar. A última vez que fui a São Paulo, foi há quarenta anos.

Domingo, 2 de maio de 2010

No domingo, logo após o Primeiro de Maio, Neco levantou-se as 4h30, como fazia há décadas para ir tomar o seu banho. Despiu-se, saiu do quarto e começou a andar em direção ao banheiro.

Quando deu por si, estava sentado no chão, talvez tenha sido uma simples tontura, ou um desmaio, quem saberá?

Olhando em torno, viu a plantonista, que andava em direção a ele para levantá-lo.

Auxiliou-o a voltar para o quarto e acomodar-se na cama.

A partir desse dia, passou a tomar banho às 8h30, com o auxílio de enfermeiros.

Também passou a sentir a perna mais mole, com mais dificuldade para andar.

Deixou de frequentar o Centro.

2011

Autor

No início de 2011, ficaria pronto o primeiro volume da trilogia, "Buscando a Luz", abarcando a biografia de Neco entre 1750 e 1926.

Neco, por meio de seu procurador André, estabeleceu contrato com a Editora Aliança, instituição sem fins lucrativos, cedendo os diretos autorais de suas obras.

A assinatura do contrato foi feita por intermédio de seu procurador, André, filho, pelo coração, de Luiz Betcher.

Em março, o livro ficaria impresso, e Neco lançou-se, com entusiasmo, à tarefa de divulgar e vendê-lo.

Como recebia visitas em seu quarto, a todos o oferecia. O livro foi também posto à venda no Centro João Cândido, e funcionários do hospital interessaram-se em adquiri-lo.

Alguns exemplares foram distribuídos gratuitamente, porém todo o dinheiro arrecadado e mais o dinheiro referente ao valor dos livros distribuídos gratuitamente foi enviado a Aliança Editora.

Ao todo, Neco distribuiu cerca de 300 exemplares.

Por vezes se preocupava em ficar com muito dinheiro no quarto, receando que houvesse furto, coisa relativamente comum no hospital.

Decadência Física

Infelizmente, o aparelho de surdez não teve o resultado esperado e a surdez foi piorando.

***

Para se ter ideia da audição e da capacidade de concentração mental de Neco, basta dizer que por vezes alguém entrava no quarto sem dizer palavra, e ele:

– Oh, dona Dirce, como está a senhora? Há seis meses não aparecia...

A pessoa ficava intrigada, querendo saber como ele a identificara, pois não dissera nada. No entanto, Neco não memorizava apenas a voz, memorizava também o som dos passos, e pela maneira de caminhar conseguia identificar a pessoa.

Certa feita, disse à minha esposa:

– A Senhora está com frio? Quer que feche a janela? Na verdade, ele percebera, pelo som dos movimentos dela, que ela estava com frio.

***

Mas com a audição falhando, nada disso era mais possível. Por vezes, ele tinha dificuldade até de identificar a voz.

A capacidade de concentração de Neco foi então sobrecarregada, mas surgia também uma diminuição da capacidade mental, e a única porta para o mundo exterior ia se fechando.

Gradualmente, Neco ia se tornando mais repetitivo, e a sua memória passava a apresentar falhas.

Tudo isso certamente tinha consequências psicológicas, trazendo insegurança.

Ele se refugiava na prece e nos fundamentos de sua fé sólida.

Querer dar

Poema de Virgílio Quáglio[46] *do livro Sementeiras de Luz*

Nos braços de um poente violáceo,
ia o sol descansar da sua jornada,
dando um adeus ao topo do palácio,
e beijando a choupana abandonada.

[46] Virgílio Quáglio, hanseniano, fundador do Centro Espírita João Cândido, de Santo Ângelo.

Nessa tarde de dúbia luz – prefácio
de noite esplendorosa e enluarada
Jesus, ao lado de um gazofilácio[47]
relia os corações na esmola dada.

Este era pingue, aquela era menor,
todas sobras, de uma sobra ainda maior.
Uma, porém, Jesus quis elevar:

E essa foi a menor, a mais mesquinha,
a que entregou a trêmula velhinha,
que tendo fome, o pão também quis dar.

[47] Caixa onde se punham as ofertas no templo de Jerusalém durante os rituais judaicos

Em março de 2012, foi publicado o livro "Chagas de luz", segundo volume da trilogia, abrangendo um período relativamente curto, de 1926, ano de seu nascimento na atual encarnação a 1956, quando deixou o leprosário de volta a Santos, sua cidade natal.

Dessa vez ele não quis que os livros fossem guardados no quarto, deixando a maioria na casa do Marcos, para serem distribuídos no Centro.

Pensou numa retomada da luta contra a surdez, mas, tanto as suas dificuldades de locomoção, quanto a burocracia do hospital não permitiram.

Silvio

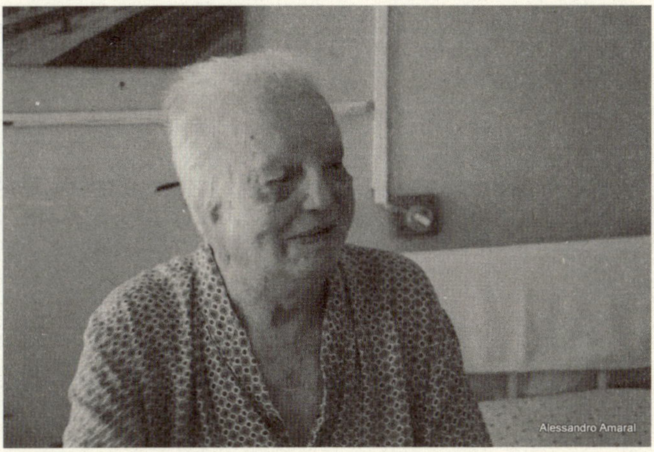

Silvio Bez

Na madrugada do dia 11 de agosto de 2012, Silvio Bez, o sócio e companheiro de tanto anos, partiu para o mundo espiritual.

Porém Neco via a morte com muita serenidade, posto que possuía uma fé sólida na vida após a morte.

De outro lado, era inteligente o bastante para saber que a sua própria morte se avizinhava, e a despedida das coisas da Terra estava próxima.

O Centro Espírita João Cândido

O Centro Espírita João Cândido, também tomava outra direção.

Desde que fora fundado por Virgílio Quáglio, em 1941, a diretriz principal da Casa era a Doutrina Espírita, entendida como o Consolador Prometido.

Sempre atuando na Caridade, os valores do Centro eram principalmente espirituais; a justiça e a misericórdia de Deus, a força da resignação, as provas e expiações sempre entendidas como nossa responsabilidade e como forças purificadoras do Espírito.

A importância do perdão e do amor aos inimigos, a certeza do amparo constante das entidades benfazejas do mundo espiritual, o valor da oração, a fidelidade a Jesus.

Porém, na sua nova feição, o Centro se tornou uma entidade assistencialista, centrada na assistência material como forma de realizar a caridade cristã.

Era sem dúvida um empobrecimento, mas não devemos esquecer que aquela Casa, embora em outros moldes, continuava a ser útil e isso é muito importante.

Neco se entristecia com esse rumo das coisas, com a impossibilidade de intervir e mudar, mas a aceitação da vontade de Deus estava vigorosamente enraizada em seu coração, e a resignação tem vários aspectos e precisa ser exercitada em todos os domínios da vida.

O poder da oração

Se os olhos não mais viam, se os ouvidos não mais ouviam com clareza, se o tato não distinguia o frio do calor; se o cérebro não conseguia formular raciocínios complexos, tudo isso favorecia para que o principal mecanismo de comunicação se manifestasse em toda a sua força e esplendor: a força da prece.

Deus, Jesus, benfeitores espirituais ouviam, e as ideias e emoções do plano superior ressoavam como o som de cem tambores no coração de Neco e iluminavam seus sentimentos como potentes lâmpadas.

A oração era o seu trabalho, a sua amiga, o seu alimento, o seu medicamento; os canais da prece se tornaram o órgão do sentido mais importante.

Fim de uma etapa

O ano de 2013 transcorreu sem maiores novidades, Neco passando quase todo o seu tempo no quarto.

Aconteceram visitas esporádicas de Edison Carneiro e de outras pessoas amigas, inclusive as visitas de caravanas aos domingos.

Em princípio de 2014, surgiu uma pneumonia que se complicou. Neco foi conduzido ao Centro Clínico Cirúrgico e naqueles dias finais não se ouviu nenhuma queixa dele.

Domingo, 9 de fevereiro de 2014

Neco estava lúcido e sereno até algumas horas antes do desencarne. Embora o desconforto físico, não murmurou nenhuma queixa; sua expressão ao morrer revelava serenidade e certa altivez.

Segunda, 10 de fevereiro de 2014

Pela manhã, foi sepultado em Mogi das Cruzes, o corpo envergado nesta encarnação por Manoel dos Santos Soares, o Neco, como carinhosamente a mãe o chamava.

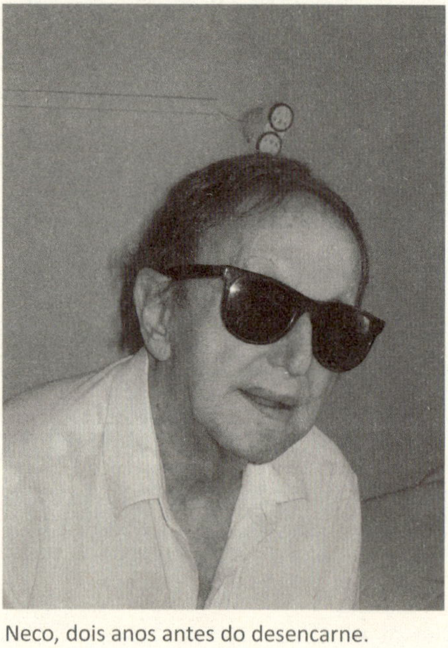

Neco, dois anos antes do desencarne.

Havia cerca de quinze pessoas no enterro, funcionários do hospital, em sua maioria. Nenhum parente.

Vários se lembravam emocionados de suas obras de caridade, conquanto as limitações físicas com as quais convivera.

Um dos funcionários do cemitério sugeriu que fosse posta

uma placa que identificasse seu túmulo. Alguns dos presentes se cotizaram e compraram a placa mais simples.

Chegou do hospital o carro fúnebre com o caixão que foi retirado. Os funcionários do serviço funerário quiseram levá-lo imediatamente para a sepultura.

Ante os protestos dos presentes, o caixão foi aberto, já próximo à sepultura, sobre a terra, e foi feita uma prece, após o que o corpo foi sepultado.

A METAMORFOSE DA BORBOLETA

A borboleta botou seus ovos.

Um ovo eclodiu.

A larva se afastou do ovo e ingressou num novo período de desenvolvimento. A lagartinha foi crescendo, trocando de pele e, alimentando-se vorazmente, devorou folhas e mais folhas.

Num dado momento, diminuiu sua atividade, deixou de alimentar-se. Esvaziaram-se seus intestinos, paralisou seus movimentos... Não é mais uma lagarta e sim uma pupa.

Imóvel, suas glândulas salivares produziram a seda na qual se enrolou, formando o casulo, onde repousou por determinado tempo.

Seus músculos e aparelho digestivo sofreram mudanças radicais.

Certo dia, o casulo se rompeu e dele saiu uma borboleta multicolorida.

Desajeitada num primeiro momento, desdobrou suas enormes asas e voou na manhã ensolarada, espalhando sua leveza e graça.

Esse ser alado, tendo o néctar das flores por alimento, gracioso e ágil, parecia não ter nenhuma semelhança com o ovo, a larva, a lagarta e o casulo.

No entanto, era ela mesma, o resultado perseguido pela natureza ao longo das etapas anteriores.

Mas nem todos os ovos conseguem a transformação completa. Algumas borboletas saem do casulo trazendo ainda alguns órgãos de lagarta e, sendo meio lagartas, meio borboletas, estão condenadas à morte, pois não podendo viver mais como lagartas nem como borboletas, perderam-se no meio do caminho.

***

De forma semelhante, o homem na figura da criança afastando-se do útero materno, aprendendo e devorando experiências, o adulto no seu trabalho árduo, o velho encasulado em suas limitações... tem como finalidade o voo livre do Espírito liberto pela morte, envolto em suas luzes e virtudes.

***

Por muitas vidas, ao se libertar do veículo físico, Neco se viu ensombrecido, desorientado, caminhando pelos umbrais, à semelhança das pupas que não conseguem a transformação completa, aportando no mundo espiritual carregado de apetites, anseios, percepções ainda apropriados à vida grosseira dos encarnados.

Dessa vez, no entanto, se não era ainda um Espírito superior mostrando as asas da sabedoria e do amor, chegava como um obreiro do Senhor, tendo na bagagem décadas de serviço no bem, décadas de sofrimento resignado, com crédito suficiente para ser recebido condignamente.

***

Ao despertar do lado de lá da vida, alguém segurava sua mão.

A vista lhe voltara, mas ainda embaçada, lhe permitia distinguir um rosto de mulher, jovem, parecendo um camafeu, sorrindo, envolvendo-o num olhar amoroso. Com uma voz extremamente agradável, ela disse:

– Seja bem-vindo, Neco! A travessia se deu, há muito que conversar, mas agora você precisa repousar.

Uma sonolência profunda o dominava, mas ele ainda conseguiu dizer:

– Linda, Linda de Freitas, é você?

Sentiu um suave aperto de mão, confirmando.

E dormiu profundamente.

***

Outro dia, Neco veio até em casa. Minha esposa Maria Helena o pressentiu, fazia com as mãos um gesto característico de quando encarnado.

Ele observou que na redação dos romances da trilogia fora sincero, conquanto sua interpretação dos fatos, por algumas vezes, não correspondesse à verdade que lhe foi mostrada após a morte.

Embora nada mais falasse, Maria Helena percebeu que ele estava feliz.

Eu fiquei emocionado e contente, porque, pensando bem, o que pode ser melhor do que estar feliz no plano espiritual?

***

Naturalmente, a história de Neco não terminou em fevereiro de 2014, como também não começou em 1750. Ela se estende eternidade afora, porém acho que já escrevi o bastante.

Há outros escritos inacabados que desejo concluir e não sei quanto ainda vai durar meu corpo, e por quanto tempo disporei de uma razoável lucidez que me permita escrever.

***

Àqueles que nos lerem, estejam certos da nossa gratidão.

Nosso profundo reconhecimento aos internos e a outros personagens que nos acompanharam: Virgílio, Julinha, Êncio, Mieli, Candinha, Catelli, Betcher, Luiz Robacinni, Adelaide, Sílvio e tantos outros.

Também registramos nossa gratidão à Aliança Espírita Evangélica, por meio da Editora Aliança, que possibilitou a edição e divulgação deste singelo trabalho.

Aos benfeitores, que tiveram uma paciência infinita com os nossos tropeços e limitações, igualmente o nosso agradecimento.

No mais:

– Salve Jesus! Deus seja louvado!

Neco e Edison

Março de 2016

ANEXOS

Correlação dos Personagens

Para facilitar o entendimento, pomos a seguir uma tabela contendo a correlação entre os personagens deste romance, do "Chagas de Luz" e do primeiro volume da trilogia "Buscando a Luz".

◇◇

O voo da borboleta: Adelaide

Chagas de Luz: Adelaide, internada na década de 1930 em Santo Ângelo, foi empregada doméstica, muito ligada a Êncio "Gaitinha", enfrentou rudes provações.

Buscando a Luz: Nasceu em 1915, em Tremembé – SP; foi uma das crianças que teve a assistência do Espírito Manuel/Neco até 1924.

Em encarnação anterior, foi a nobre portuguesa Leonor.

◇◇

O voo da borboleta: Armando Catelli

Chagas de Luz: Não é mencionado nesse volume.

Buscando a Luz: Nasceu em 1916, em Sorocaba – SP; uma das crianças que teve a assistência do Espírito Manuel/Neco até 1924.

No século 19, no plano espiritual, foi companheiro do Espírito Manuel/Neco em suas atividades de combate à escravidão.

No século 18, foi João Batista de Oliveira, ajudante de ordens do governador Mendonça Furtado, muito amigo e conselheiro de Manuel/Neco, então comerciante português atuando em Belém.

O voo da borboleta: Conceição da Costa Neves

Chagas de Luz: Conceição da Costa Neves

deputada estadual, muito auxiliou os hansenianos e seus familiares.

Buscando a Luz: Nasceu em 1908, quando adolescente foi assistida pelo Espírito Manuel/Neco em seu 15º aniversário, quando se restabelecia de um aborto espontâneo.

◇◇

O voo da borboleta: Emílio Ribas

Chagas de Luz: Emílio Ribas

deputada estadual, muito auxiliou os hansenianos e seus familiares.

Buscando a Luz: Médico e cientista brasileiro desencarnado em 1925; idealizador de Santo Ângelo; o Espírito Manuel/Neco o acompanhou desde 1913 até 1924.

◇◇

O voo da borboleta: Êncio Celestino (Gaitinha) Companheiro das lides espíritas.

Chagas de Luz: Foi chefe de Neco na prefeitura de Santo Ângelo.

Buscando a Luz: Nasceu em 1916, em São Paulo; uma das crianças que teve a assistência do Espírito Manuel/Neco até 1924.

No século 19, no plano espiritual, foi companheiro do Espírito Manuel/Neco em suas atividades de combate ao tráfico e à escravidão.

No século 18, D. Frei Miguel de Bulhões e Sousa, Bispo do Grão Pará, amigo e conselheiro de Manuel/Neco, então comerciante português atuando em Belém.

O voo da borboleta: João Cândido

Chagas de Luz: João Cândido, mentor do Centro Espírita do mesmo nome.

Buscando a Luz: Orientador das encarnações do grupo de Espíritos a que pertencia Manuel/Neco e que se encarnariam com a provação da hanseníase.

No século 19, encarnou como escravo, sofrendo duríssimas provações.

No século 18, foi o poderoso ministro português Marquês de Pombal.

O voo da borboleta: João dos Santos

Chagas de Luz: João dos Santos, irmão mais velho de Neco, foi o apoio de Neco e de seus irmãos na sua estada no leprosário.

Buscando a Luz: Filho de Maria e Luiz, futuros pais de Neco; O Espírito Manuel/Neco o conheceu antes de encarnar e acompanhou sua infância como seu Espírito protetor; ainda no plano espiritual já demonstrava sua superioridade.

O voo da borboleta: Zeca

Chagas de Luz: José dos Santos (Zeca), internado no mesmo dia que Neco em Santo Ângelo.

Buscando a Luz: Nasceu em Santos, em 1922, irmão de Neco.

O Espírito Manuel/Neco o conheceu antes de encarnar e acompanhou sua infância como Espírito protetor.

No século 18, foi filho de Manuel/Neco com Maria da Fé.

O voo da borboleta: Luiz dos Santos

Chagas de Luz: Luiz dos Santos, pai de Neco. Problemático, alcoólatra. Visitava Neco no leprosário regularmente.

Buscando a Luz: Nasceu em Troncoso, Portugal, em 1885. O Espírito Neco/Manuel acompanhou seu casamento, vinda para o Brasil, e seus primeiros anos de casado, em Santos.

◇◇

O voo da borboleta: Luiz Gonzaga Betcher, companheiro das lides espíritas.

Chagas de Luz: Amigo de infância de Neco, sócio de seus empreendimentos na época da adolescência.

Buscando a Luz: No século 20, no plano espiritual, preparou-se para a futura encarnação e foi muito amigo do Espírito Manuel/Neco.

No século 19, no plano espiritual, foi companheiro de trabalho do Espírito Manuel/Neco em suas atividades de combate ao tráfico e à escravidão.

No século 18, foi Gaspar da Costa Posser, secretário particular do governador Mendonça Furtado.

◇◇

O voo da borboleta: Luiz Robacinni

Chagas de Luz: Não é mencionado neste volume.

Buscando a Luz: Há uma menção a Franz, violinista, Espírito, numa visita feita a Conceição. Vide Livro 3 "Preparando-se", capítulo "Um aniversário de 15 anos", item "A Festa".

O voo da borboleta: Maria Custódio Soares dos Santos

Chagas de Luz: Mãe de Neco. Visitava Neco no leprosário regularmente.

Buscando a Luz: Nasceu em Troncoso, Portugal, em 1889. O Espírito Neco/Manuel acompanhou seu casamento, vinda para o Brasil e seus primeiros anos de casada, em Santos.

◇◇

O voo da borboleta: Neco

Chagas de Luz: Nascido em Santos é internado aos 8 anos no hospital prisão de Santo Ângelo" como hanseniano, tornando-se "Órfão de pais vivos". Em 1952, recebe alta, mas permanece no hospital até 1956.

Buscando a Luz: No período de 1889 a 1925 trabalhou arduamente, preparando a sua próxima encarnação.

No período de 1840 a 1888, atuou no plano espiritual combatendo a escravidão.

No início do século 19, foi o padre Álvaro Álvares, nascido em Portugal, mas criado no Brasil, atuando na área política; falhou nessa encarnação.

No século 18, foi o comerciante português Manuel Gonçalves, estabelecido em Belém do Pará; falhou nessa encarnação. O voo da borboleta: Maria Custódio Soares dos Santos.

O voo da borboleta: Virgílio Quáglio, fundador do Centro Espírita João Cândido.

Chagas de Luz: Nasceu em 1892, em Monte Alegre do Sul, em São Paulo. Foi dedicado professor e diretor de Escola.

Internado em Santo Ângelo, foi diretor da Caixa Beneficente. Convertendo-se ao espiritismo, fundou o Centro Espírita João Cândido, que funcionava em sua residência.

Poeta, teve como tema, principalmente, Jesus. Alguns de seus poemas foram enfeixados no livro "Sementeira de Luz". Desencarnou em 1946.

Buscando a Luz: No século 19, no plano espiritual, foi "chefe" do Espírito Manuel/Neco em suas atividades de combate ao tráfico e à escravidão.

No século 18, foi Francisco Xavier Mendonça Furtado, governador do Grão Pará, irmão de Pombal; teve um relacionamento com Manuel/Neco na época comerciante português atuando em Belém.

Fontes

Instituições

• Google Inc: especialmente seus mecanismos de busca, imagens, mapas, tradutor e livros.

• Wikimedia Foundation: principalmente a Wikipedia, fonte inesgotável de informações.

• Bíblia do Caminho: (www.ocaminho.com.br) facilitador importante para quem quer consultar a literatura espírita.

Vídeos

Os Melhores Anos de Nossas Vidas – Histórias de Exílio no Brasil Profundo – Andréa Pasquini.

Teses de pós-graduação

Estudo sobre a problemática do hanseniano e a atuação do serviço social – Dirce Palmeira da Silva – 1981.

Campanha de Preservação da Vida

EDITORA ALIANÇA

Tema: ABORTO

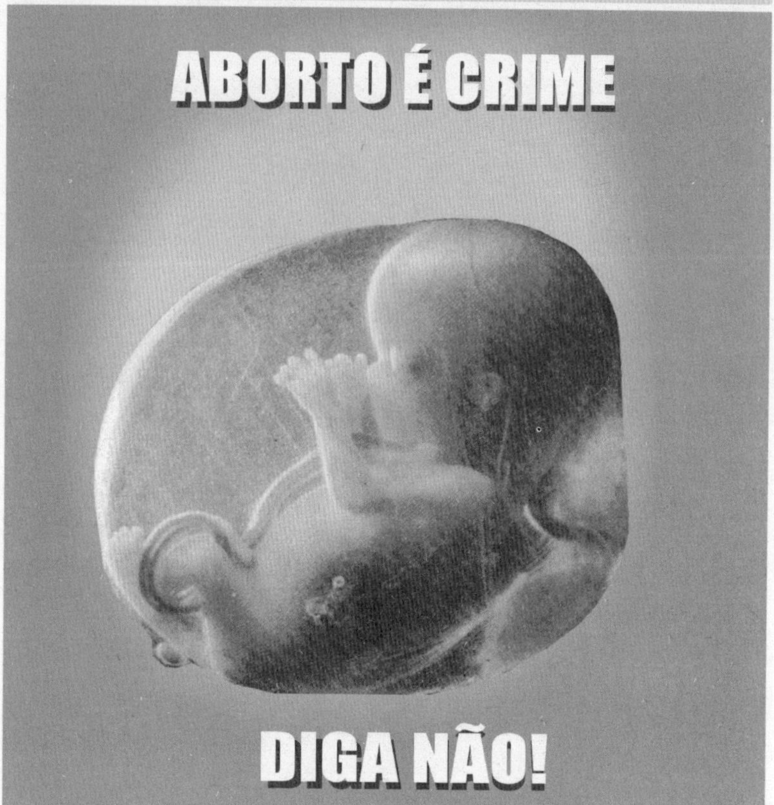

O Livro dos Espíritos, Allan Kardec - questão 358:

Pergunta: *O aborto provocado é um crime, qualquer que seja a sua concepção?*

Resposta dos Espíritos: *Há sempre crime quando se transgride a lei de Deus. A mãe ou qualquer pessoa cometerá sempre um crime ao tirar a vida de uma criança antes do seu nascimento, porque isso é impedir a alma de passar pelas provas de que o corpo devia ser instrumento.*